Bob Buford
HALBZEIT

Bob Buford

Halbzeit

Sie können nicht alles machen,
aber alles könnte mehr Sinn machen

Neue Ziele für die zweite Lebenshälfte

Projektion J Buch- und Musikverlag GmbH
Wiesbaden

Titel der Originalausgabe:
Halftime

Published by Zondervan Publishing House,
5300 Patterson, S. E., Grand Rapids, Michigan 49530, USA

Auf der Grundlage der neuen Rechtschreibregeln.

Bibelzitate wurden der Einheitsübersetzung entnommen.

ISBN 3-89490-188-8

Übersetzung: Eva Weyandt
Umschlaggestaltung: Petra Louis
Satz: Projektion J Buch- und Musikverlag
Druckerei: Schönbach-Druck GmbH, Industriestraße 6-8, 64390 Erzhausen

1 2 3 4 00 99 98 97

Dieses Buch ist den beiden wichtigsten Menschen in meinem Leben gewidmet:

Linda, der Frau,
die mein Herz geformt hat,

und Peter Drucker,
dem Mann, der mein Denken
sehr stark beeinflusst hat.

INHALT

VORWORT

Halbzeit« ist ein höchst eigenwilliges, in der Tat auf seine Weise einzigartiges Buch – zumindest kenne ich kein anderes, das mit ihm zu vergleichen wäre.

Dieses Buch trägt die autobiografischen Züge eines ungewöhnlichen Mannes. Das macht es nicht nur zu einer interessanten Lektüre, sondern erleichtert dem Leser auch ungemein, einen Zugang zu den herausfordernden Gedanken des Autors zu finden. Es ist die Geschichte schwieriger Anfänge, die Geschichte eines Jungen, der nach dem frühen Tod seines Vaters im Alter von kaum elf Jahren die Last der Verantwortung auf sich nehmen musste, der »Mann« in der Familie zu sein; eine Geschichte großer Nöte, aber auch die einer Vision und Entschlossenheit; eine Geschichte von Leid und Erfolg.

Diese Geschichte an sich ist schon interessant; ungewöhnlich jedoch ist, dass Bob Buford zu den wenigen Menschen meines Bekanntenkreises gehört, die schon sehr früh – bereits im Teenageralter – darüber nachgedacht haben, wo ihre Stärken liegen. Etwas Derartiges tun in der Regel nur wenige. Noch unglaublicher ist, dass Buford, als er erkannte, dass sich seine Stärken nicht unbedingt mit dem, was er *gern* tat, deckten, so ehrlich und mutig war, sich zu sagen: Es ist meine Aufgabe, das zu tun, was ich gut kann, und mich nicht nur auf das zu konzentrieren, was ich gern tun möchte. Dieser Einstellung verdankt Bob seinen Erfolg als Unternehmer und Geschäftsmann.

Aber – und das ist nach meiner Erfahrung doch sehr selten – Bob hat seine ursprüngliche Vision niemals aus den Augen verloren und seine ursprünglichen Wertmaßstäbe niemals dem

Erfolg geopfert. Er weigerte sich, den Anspruch, den er als Jugendlicher an sich stellte, als Traum eines Kindes abzutun. Er arbeitete schwer und verlor doch niemals das Ziel aus den Augen. Und als er nach dreißig Jahren kompromisslos harter Arbeit den Punkt erreicht hatte, an dem er endlich freier über Zeit und Geld verfügen konnte, dachte er ganz neu darüber nach, wie er seine Kräfte, seine Erfahrung und sein Wissen einsetzen könnte, um das zu erreichen, was bereits dreißig Jahre zuvor sein Ziel gewesen war.

An einem solchen Punkt angekommen, ziehen sich viele Menschen ins Privatleben zurück. Aber Bob liebte seine Arbeit und war sehr gut darin. Er wusste, dass er weitermachen sollte. Aber für ihn war der Zeitpunkt gekommen, eine zweite »Laufbahn« parallel zur beruflichen einzuschlagen, in der er sich mit seinem Wissen, seiner Erfahrung und seinem Geld den brennenden Wunsch erfüllen konnte: Gottes Sache auf der Erde weiterzubringen. Er wollte sich für die Verbreitung des christlichen Glaubens in seinem Land einsetzen. Das ist für die Kreise, in denen er sich beruflich bewegte, nicht gerade alltäglich.

Gleichzeitig ist dieses Buch aber weit mehr als ein interessanter Einblick in das Leben eines Menschen, dem »Erfolg« nicht genug war. Ohne zu predigen, ohne zu versuchen, »gelehrt zu klingen«, ohne Statistiken und akademischen Jargon zu verwenden, stellt sich dieses Buch der fundamentalen gesellschaftlichen Herausforderung einer hoch entwickelten und im Überfluss lebenden Gesellschaft wie der unseren.

Einige Jahre vor dem Ersten Weltkrieg, als ich geboren wurde, erlebten nur wenige Menschen das Alter, das wir jetzt als die »Lebensmitte« bezeichnen. Noch 1929 lag die durchschnittliche Lebenserwartung in den Vereinigten Staaten bei nicht einmal fünfzig Jahren. Doch heutzutage haben die Menschen in den hoch entwickelten Ländern eine Lebenserwartung, die doppelt so hoch ist wie die unserer Urgroßeltern.

Zu dieser erhöhten Lebenserwartung kommt hinzu, dass heute mehr Menschen als je zuvor nicht nur arbeiten, um sich den nötigsten Lebensunterhalt zu verdienen, sondern dass sie tatsächlich Freude an ihrer Arbeit haben, weil sie gut darin sind und in jeder Hinsicht ihren Erfolg genießen können.

Früher betrachteten die meisten Menschen die Arbeit als Mittel, das ihnen das Überleben sichern konnte; aber sie lebten nicht, um zu arbeiten. Der Arbeiter in der Stahlfabrik, der Landwirt auf dem Familienbauernhof, der Arbeiter am Fließband, der Betreiber eines Tante-Emma-Ladens – alle Menschen in den traditionellen Berufen hatten sich nach dreißig Jahren Arbeit den Ruhestand redlich verdient, falls sie es sich leisten konnten, sich zur Ruhe zu setzen. Meistens vermissten sie ihre Arbeit nicht, da diese oft nichts anderes gewesen war als ein Mittel, das Geld für die nächste Mahlzeit oder die Schuhe der Kinder zu verdienen.

Heute erwarten immer mehr Menschen, das zu finden, was Bob Buford gefunden hat: Sie wollen Freude an ihrer Arbeit haben; sie wollen mit zunehmendem Alter immer besser werden; sie sind nicht bereit, sich zur Ruhe zu setzen, obwohl sie es sich leisten könnten. Einer großen und immer größer werdenden Anzahl von Menschen – ich nenne sie »Wissensarbeiter« – geht es nicht nur finanziell sehr viel besser als den Menschen früher, sie finden tatsächlich persönliche Erfüllung in ihrer Arbeit. Doch die verliert sich oft mit der Zeit. Die Arbeit, die sie kennen und lieben, stellt für viele keine Herausforderung mehr dar, sobald sie einmal die Vierzig überschritten haben. Spätestens dann brauchen sie eine neue Motivation.

Als mir dies vor etwa zwanzig oder dreißig Jahren zum ersten Mal klar wurde, dachte ich, ein Großteil der Leute würde einen »Stellungswechsel« anstreben, zum Beispiel vom Abteilungsleiter einer großen Firma zu einer ähnlichen Arbeit in einer gemeinnützigen Institution wechseln. Ich hatte Unrecht – Bob Buford hat mich eines Besseren belehrt. Die große Mehrheit dieser Leute möchte ihre Arbeit, bei der sie Erfolg haben, nicht aufgeben. Aber sie empfinden die Notwendigkeit, die »andere Hälfte« ihres Lebens zu ergänzen, wie Bob es ausdrückt. Ich würde das eher mit einer »parallelen Berufslaufbahn« umschreiben. Sie möchten ein Betätigungsfeld finden, in dem sie ihren Wertmaßstäben treu bleiben und ihre Fähigkeiten, ihre Stärken, ihr Wissen und ihre Erfahrung, die sie sich bereits erworben haben, einsetzen können.

Dies sind neue Herausforderungen und wie ich bereits gesagt habe, Herausforderungen, die es nach meiner Überzeugung so in der Geschichte nur für ganz wenige Menschen gegeben hat. Ich persönlich kenne kein Buch, das sich dem ganzen Themenbereich mit mehr Kompetenz stellt und echte Hilfestellungen anbietet als Bobs »Halbzeit«. Es leistet in gewissem Sinn Pionierarbeit. Wir finden bei ihm eine fundierte Analyse unserer Gesellschaft, aber nicht nur das. »Halbzeit« ist auch in einem entscheidenden Maße ein Selbsthilfebuch. Was auch immer die Wertmaßstäbe und Ziele eines Menschen sein mögen – und das müssen nicht unbedingt die von Bob Buford sein –, dieses Buch sollte der Katalysator für alle die sein, die von den beiden positiven großen gesellschaftlichen Entwicklungen dieses Jahrhunderts profitieren: der Steigerung der Lebenserwartung (vor allem der Verlängerung des Arbeitslebens) und der Tatsache, dass es mittlerweile möglich ist, sich mit seiner Arbeit nicht nur seinen Lebensunterhalt zu verdienen, sondern auch eine gewisse finanzielle Unabhängigkeit zu erwerben.

Dieses Buch ist auch ein wichtiges *politisches* Buch. Es wird immer deutlicher, dass die heutigen Regierungen nicht in der Lage sind, die wachsenden gesellschaftlichen Probleme irgendwie in den Griff zu bekommen. Auch die Gesetze der freien Marktwirtschaft sind dazu nicht in der Lage. Wie notwendig es sowohl für den Einzelnen wie auch für die Gesellschaft als Ganzer ist, sich im weitesten Sinn auf dem sozialen Sektor – ob man ihn nun »gemeinnützig«, »unabhängig« oder einfach nur »gesellschaftlich« (was mir persönlich am besten gefällt) nennt –, zu betätigen, tritt immer deutlicher zu Tage. Sich auf diesem Sektor als »Freiwilliger« einzusetzen ist eines unserer wertvollen Rechte als Bürger. Leider belassen es die meisten Menschen bei dem wenig attraktiven Ritual des Wählens und Steuerzahlens. Bobs Buch zeigt eine Lösung für die großen politischen Herausforderungen der Industriegesellschaft: dass die hohe Effektivität erfolgreicher Menschen mittleren Alters helfen kann, das Gemeinwesen Schritt für Schritt zu verbessern, es effektiver funktionieren zu lassen und die grundlegenden Werte sowohl der Demokratie als auch der Gemeinschaft stärker zum Tragen kommen zu lassen.

Dieses Buch ist auch ein *christliches* Buch, das eine der größten Herausforderungen westlicher Nationen anspricht: die Rolle des christlichen Glaubens in der Gesellschaft und im Leben des Einzelnen. Es ist allgemein bekannt, dass die Mitgliederzahlen der großen Kirchen in den vergangenen dreißig bis vierzig Jahren immer mehr zurückgegangen sind. Erstaunlich daran ist jedoch nicht, *dass* die Kirchen Mitglieder verloren haben, sondern dass sie *nur so wenige* verloren haben! Denn die Kirchenmitgliedschaft von gestern – wobei »gestern« vor fünfzig oder sechzig Jahren bedeutet – war vielfach nur auf Konvention und/oder gesellschaftlichen Zwang zurückzuführen. Gerade auf dem Gebiet des Glaubens war die freie Entscheidung des Menschen nicht gefragt.

Als ich in den dreißiger Jahren als Amerika-Korrespondent für eine britische Zeitungsgruppe zum ersten Mal in dieses Land kam, war der Gottesdienstbesuch ein absolutes Muss. Für die Bewilligung einer Hypothek auf ein Haus, das wir kurz, nachdem wir ins Land gekommen waren, kaufen wollten – in einer wohlhabenden und durchaus nicht »religiösen« New Yorker Vorstadt –, waren zwei Referenzen erforderlich, davon musste eine von dem Pastor der Gemeinde sein, die wir besuchten. Wenn man eine solche Referenz nicht hatte, bekam man keine Hypothek. Noch fünfundzwanzig Jahre später, Anfang der fünfziger Jahre, konnte man in einer amerikanischen Kleinstadt kein Darlehen oder einen anständigen Job bekommen, wenn man nicht einer Gemeinde angehörte.

Dieser soziale Druck existiert heute in den meisten Staaten nicht mehr. Aber obwohl wir als Folge davon vielleicht einen katastrophalen Rückgang der Kirchenmitgliedschaft erwartet haben, ist der Rückgang erstens verhältnismäßig bescheiden – vor allem im Vergleich mit Europa – und ihm wird zweitens durch das Wachstum der neuen, großen Gemeinden entgegengewirkt, deren Mitgliederzahlen zwei- oder dreimal so schnell ansteigen, wie die traditionellen Kirchen Mitglieder verlieren. Letztlich ist es ein Segen, wenn immer mehr Menschen nicht aus einem sozialen Zwang heraus, sondern aus eigenem Antrieb am Leben einer Gemeinde teilnehmen.

Bob hat dies sehr früh erkannt. Sein *Leadership Network* bemüht sich darum, den großen Gemeinden zu helfen, effektiv zu arbeiten, ihre Hauptprobleme zu erkennen und anzugehen. Dadurch half er ihnen, nicht nur ihren »Fortbestand zu sichern« (in den meisten Fällen ging es eher um die Frage, wie mit dem Wachstum umzugehen sei), sondern gab ihnen Hilfestellung, sich auf ihre eigentliche Aufgabe zu konzentrieren, nämlich die christliche Botschaft weiterzugeben. Seit kurzem dehnt er diese Arbeit auch auf andere, kleinere Gemeinden aus, und das nicht als Prediger, sondern als Unternehmer, der verborgene Energien in Aktivität umsetzt.

Und schließlich kann und sollte dieses Buch als Geschichte des Wachstums von Wissen zu Weisheit gelesen werden. Solche Geschichten brauchen die Menschen, die ein gutes Stück ihres Lebensweges schon hinter sich gebracht haben, die es in einem gewissen Sinn zu etwas gebracht haben.

»Halbzeit« ist ein Buch, das auf vielen Ebenen gelesen werden sollte und wird. Es ist ein Buch, das zu jedem Menschen auf unterschiedliche Weise sprechen wird. Aber es ist ein Buch, das für jeden, der sich in einer ähnlichen Lebensphase befindet, eine wichtige Botschaft bereithält.

1. September 1994
Peter F. Drucker

Einführung

Die »heiligste Kammer des Herzens« öffnen

»Und er sprach lange zu ihnen in Form von Gleichnissen. Er sagte: Ein Sämann ging aufs Feld, um zu säen. Als er säte, fiel ein Teil der Körner auf den Weg, und die Vögel kamen und fraßen sie. Ein anderer Teil fiel auf felsigen Boden, wo es nur wenig Erde gab, und ging sofort auf, weil das Erdreich nicht tief war; als aber die Sonne hochstieg, wurde die Saat versengt und verdorrte, weil sie keine Wurzeln hatte. Wieder ein anderer Teil fiel in die Dornen, und die Dornen wuchsen und erstickten die Saat. Ein anderer Teil schließlich fiel auf guten Boden und brachte Frucht, teils hundertfach, teils sechzigfach, teils dreißigfach. Wer Ohren hat, der höre!« (Mt 13,3-9)

Keiner von uns weiß, wann er sterben wird. Aber es ist ein durchaus nützliches Gedankenexperiment, einmal seine eigene Grabinschrift zu formulieren. Ich muss gestehen, dass es schon eine komische Sache ist, über seinen Grabstein nachzudenken, während man noch recht lebendig ist. Aber der Gedanke reizte mich und schon bald hatte ich eine lebhafte Vorstellung davon, was auf meinem Grabstein stehen soll. Es ist eine wunderbare Inspiration für mich, aber auch eine große Herausforderung:

»100 fach«

Mehr nicht. Einfach nur »100 fach«. Diesen Gedanken habe ich dem Gleichnis des Sämanns im Matthäusevangelium, Kapitel 13 entnommen. Ich bin Unternehmer und möchte, dass in mir die »Saat« des Wortes Gottes so aufgeht, dass sie hundertfache Frucht trägt. So können andere am ehesten noch den erkennen, der gesät hat. Und so stelle ich mir mein Vermächtnis vor: im Leben wie im Tod ein Symbol für einen Ertrag zu sein, der höher ist als alles, was ich selbst hervorbringen könnte.

Der heilige Augustinus hat einmal gesagt, wenn man sich die Frage stellen würde – *Wodurch möchte ich bei anderen in Erinnerung bleiben?* –, sei dies der Beginn des Erwachsenwerdens. Nun, warum nicht mit der Formulierung seiner eigenen Grabinschrift anfangen? Immerhin sollte eine Grabinschrift etwas mehr sein als ein oberflächliches, von Wunschdenken geprägtes Motto. Wenn sie ehrlich ist, sagt sie etwas über Ihre Persönlichkeit und Ihre Seele aus.

Das, was Ihr Innerstes berührt, ist meiner Meinung nach ein Geschenk, das unser Schöpfer uns allen anvertraut hat. Er möchte uns deutlich machen, dass der Mensch mehr ist als ein Tier oder eine Maschine. Gott selbst will, dass wir erkennen: Wir sind geistliche Wesen mit einem Ziel – und einem Schicksal. Wir sind auf unvorstellbare, wunderbare Weise nach seinem Bild gestaltet.

Sie können meine Grabinschrift für Wunschdenken halten und das ist sie sicherlich auch teilweise. Aber wenn Sie eine Grabinschrift als dankbaren Ausdruck für Ihr einzigartiges Talent wählen – und als ein Ziel, auf das Sie hinarbeiten wollen, bis Sie unter dem Grabstein zur Ruhe gebettet werden –, dann erweisen Sie sich als jemand, der ein Ziel für sein Leben hat.

Das Gleichnis vom Sämann spiegelt den Inhalt meiner Träume und den Kern meiner Erfahrungen wider. Es ist die treibende Kraft hinter diesem Buch. Mein Wunsch und Ziel sind es, alles, was Gott mir gegeben hat, zu vervielfältigen und es ihm dabei zurückzugeben. Und ich würde Ihnen gerne dabei helfen, dasselbe zu tun. Es wäre schade, wenn Sie ein steiniger Boden wären oder Ihr Leben von Unkraut überwuchert würde, das alles erstickt. Jedes Samenkorn, das Gott in uns »investiert«, hat das Potenzial, Frucht zu bringen. Das Problem ist, dass wir allein für die »inneren Umstände« verantwortlich sind, ob und wieviel Frucht sich in unserem Leben findet.

Meine eigenen äußeren Lebensumstände boten mir einen fruchtbaren Boden, auf dem ich wachsen konnte. Ich wurde in einem sehr glücklichen Elternhaus groß, was ein wichtiger Faktor in meiner Geschichte ist. Es ist weder die Geschichte eines Selfmademan noch die eines Mannes, der aus tiefster Armut zu größtem Reichtum aufsteigt. Ich hatte sehr viel mehr Gelegenheit zu Wachstum und persönlicher Entwicklung, dazu noch jede finanzielle Hilfe als die meisten Amerikaner.

Auf der einen Seite könnten Sie sagen, dass ich glücklich gewesen bin, denn ich hatte tatsächlich viel »Rohmaterial«, mit dem ich arbeiten konnte. Aber wenn Sie wie ich der Meinung sind, dass »von dem, dem viel gegeben ist, auch viel gefordert wird«, werden Sie meine Grabinschrift auch für ganz schön gewagt halten.

Was ist mit Ihrer Grabinschrift? Was wurde Ihnen gegeben und was werden Sie mit dem »Rest« Ihres Lebens anfangen?

Vor kurzem habe ich begonnen, mein Leben mit einem Fußballspiel zu vergleichen. Bis zu meinem fünfunddreißigsten Lebensjahr befand ich mich in der ersten Spielhälfte. Dann traten Umstände auf, die mich in die Halbzeit schickten. Jetzt spiele ich in der zweiten Spielhälfte und das Spiel ist einfach großartig. Mittlerweile bin ich zu der Überzeugung gekommen, dass die zweite Spielhälfte unseres Lebens die beste sein sollte – dass sie sogar eine persönliche Renaissance sein kann.

(Eine Bemerkung am Rande: Wenn wir hier wie selbstverständlich von einer ersten und zweiten Spielhälfte reden, ist dies immer vorbehaltlich der Möglichkeit, dass für jeden von uns das ganze Spiel vorzeitig durch den ewigen Schiedsrichter abgebrochen wird.)

Während der ersten Hälfte Ihres Lebens haben Sie, wenn es Ihnen so ging wie mir, vermutlich wenig Zeit gehabt, darüber nachzudenken, was Sie mit Ihrem Leben anfangen möchten. Sie haben eine Ausbildung gemacht, sich verliebt, geheiratet, eine Berufslaufbahn eingeschlagen, Sie sind beruflich aufgestiegen und haben sich viele Dinge gekauft, die das Leben angenehm machen.

In der ersten Spielhälfte haben Sie hart gekämpft. Sie haben vielleicht sogar gewonnen. Aber früher oder später beginnen Sie, sich zu fragen, ob das alles wirklich der Mühe wert war. Irgendwie hat das Toreschießen nicht mehr die Faszination wie zu Beginn.

Vielleicht haben Sie einige üble Tiefschläge einstecken müssen. Die meisten Männer und Frauen überstehen die erste Spielhälfte nicht ohne Schmerz – großen Schmerz. Scheidung. Übermäßiger Alkoholgenuss. Nicht genügend Zeit für die Kinder. Schuld. Einsamkeit. Wie viele gute Spieler haben auch Sie die erste Spielhälfte mit lauter guten Vorsätzen begonnen, sind im Laufe des Spiels jedoch ernüchtert worden!

Selbst wenn Sie nur geringe Schmerzen erleiden mussten, haben Sie vielleicht erkannt, dass Sie in der zweiten Spielhälfte nicht so weiterspielen können wie in der ersten. Zum einen haben Sie nicht dieselbe Energie wie früher. Gerade vom College gekommen, hatten Sie keine Probleme damit, vierzehn Stunden pro Tag zu arbeiten und auch noch am Wochenende im Büro zu erscheinen. Das gehörte zu Ihrem Spielplan der ersten Spielhälfte und ließ sich nicht vermeiden, wenn Sie gewinnen wollten. Aber jetzt sehnen Sie sich nach etwas, das mehr ist als Erfolg.

Letztlich geht es um mehr als um das Punktemachen, es geht um das Spiel selbst: Sie sollten sich immer bewusst sein, dass die Uhr tickt. Was früher so aussah, als sei es noch eine Ewigkeit von Ihnen entfernt, ist nun in greifbare Nähe gerückt. Und wenn Sie auch das Spielende nicht fürchten, so wollen Sie doch dafür sorgen, dass Sie es mit einem guten Ergebnis abschließen. Sie möchten etwas zurücklassen, das Ihnen niemand nehmen kann. Wenn die erste Spielhälfte vom Streben nach Erfolg bestimmt war, so ist meiner Überzeugung nach die zweite Spielhälfte in vielen Fällen von der Frage nach dem tieferen Sinn geprägt.

Ein Spiel wird oft erst in der zweiten Spielhälfte gewonnen oder verloren, nicht in der ersten. Man kann in der ersten Spielhälfte ruhig einige Fehler machen und hat trotzdem noch Zeit, alles wieder gutzumachen. In der zweiten Spielhälfte ist dies schwieriger. In der zweiten Spielhälfte sollten Sie wissen, womit Sie es zu tun haben. Sie kennen das Spielfeld – die Welt, in der Sie leben. Sie haben genügend Siege errungen, um zu wissen, wie schwierig das Spiel die meiste Zeit ist und wie leicht es zu sein scheint, wenn die Bedingungen in Ordnung sind. Sie haben genügend Schmerz und Enttäuschung erfahren, um zu wissen, dass der Verlust von einigen Punkten sicherlich kein Vergnügen ist, dass man ihn jedoch überleben kann und er manchmal sogar gute Eigenschaften in Ihnen zum Vorschein bringt.

Manche Menschen erreichen niemals die zweite Spielhälfte; ein Großteil der Leute weiß nicht einmal, dass sie existiert. Allgemein nimmt man in unserer Gesellschaft an, dass man etwa ab dem vierzigsten Lebensjahr in eine Phase des Alterns eintritt, in der vieles abgebaut wird. Alter mit Wachstum gleichzusetzen scheint ein Widerspruch in sich selbst zu sein. Dies ist jedoch ein Irrglaube, dem ich nicht zum Opfer fallen will, und ich möchte dazu beitragen, dass auch Sie zu einer veränderten Sichtweise kommen.

Ich weiß nicht, wo Sie im Augenblick stehen. Wenn Sie noch in den Zwanzigern sind, dann ist das Spiel vielleicht gerade erst angepfiffen worden und eine aufregende Spielhälfte liegt noch vor Ihnen. Vieles von dem, was ich schreibe, wird für Sie vielleicht noch in ferner Zukunft liegen, aber legen Sie deshalb dieses Buch nicht an einen Ort, an dem Sie es später nicht mehr finden können, denn die erste Spielhälfte geht schneller vorbei, als Sie denken.

Die meisten von Ihnen nähern sich vielleicht schon dem Ende der ersten Spielhälfte. Sie sind Mitte dreißig oder Anfang vierzig und irgendetwas in Ihrem Innern hat Ihnen gesagt, dass Sie so nicht weiterspielen können. Vielleicht kann dieses Buch dazu beitragen, diese Stimme noch deutlicher zu hören.

Einige von Ihnen befinden sich vielleicht schon in der zweiten Spielhälfte, aber vielleicht ist Ihnen das noch gar nicht so deutlich geworden. Wie ein guter Mittelfeldspieler machen Sie einfach weiter. Dieses Buch bringt Sie vielleicht dazu, eine Auszeit zu nehmen, sich an den Rand zu stellen und eine Bestandsaufnahme zu machen, denn es ist nie zu spät, eine Änderung der Spielstrategie vorzunehmen.

Wo immer Sie auch stehen, ich möchte Sie auf den folgenden Seiten einladen, Ihre Ansicht zu revidieren, dass die zweite Hälfte Ihres Lebens niemals so gut sein könnte wie die erste. Sie brauchen nicht aufzugeben und sich vom Leben treiben zu lassen, Sie können sich neue Horizonte erschließen, sich neuen Herausforderungen stellen. Die Frage ist, ob Sie bereit sind, Ihre Zielsetzung zu revidieren und weniger nach äußerem Erfolg als viel mehr nach einem sinnerfüllten Leben zu streben. Haben Sie den Mut zu glauben, dass das, was Sie nach einem solchen Kurswechsel schaffen werden, bedeutungsvoller sein wird als alles, was Sie während Ihres bisherigen Lebens je erreicht haben?

Teil I

Die erste Spielhälfte

»Der Mensch wird nicht wirklich geprüft, wenn er die Rolle spielt, die er sich wünscht, sondern wenn er die Rolle spielt, die das Schicksal für ihn bereithält.«

Vaclav Havel

Kapitel 1

Auf das leise Flüstern hören

»Ein starker, heftiger Sturm, der die Berge zerriß und die Felsen zerbrach, ging dem Herrn voraus. Doch der Herr war nicht im Sturm. Nach dem Sturm kam ein Erdbeben. Doch der Herr war nicht im Erdbeben. Nach dem Beben kam ein Feuer. Doch der Herr war nicht im Feuer. Nach dem Feuer kam ein sanftes, leises Säuseln« (1 Kön 19,11b-12).

Ich habe meinem Leben nicht immer viel Aufmerksamkeit geschenkt. Um ehrlich zu sein, ich habe erst angefangen, ihm Beachtung zu schenken, als ich Mitte vierzig war und feststellte, dass Erfolgspanik mich erfasst hatte. Ich konnte eine überaus erfolgreiche Kabelfernsehanstalt mein Eigen nennen. Meine Ehe war intakt und sehr gut. Wir hatten einen Sohn, der – ich kann es nicht anders ausdrücken – einfach ein Juwel war.

Aber etwas nagte an mir. Wie konnte ich so erfolgreich, so glücklich und gleichzeitig so frustriert und unzufrieden sein?

Ich hatte eine feste Meinung über Geschäftsstrategien und Praktiken, Familienbeziehungen und die Bedeutung von Freundschaft. Aber mir war noch nicht klar, wie ich alle diese miteinander konkurrierenden Interessen in Einklang bringen sollte.

Und in Bezug auf das wichtigste Thema von allen, mein Glaubensleben, wusste ich zwar, was ich glaubte, aber ich wusste nicht so genau, wie ich meinen Glauben in die Tat umsetzen sollte.

Zu diesem Zeitpunkt begann ich, darüber nachzudenken, was ich aus der zweiten Hälfte meines Lebens machen wollte.

Die noch nicht formulierte, aber sehr verlockende Idee, dass ich mein Leben nicht nur profitabel, sondern wirklich produktiv machen sollte, hatte mich gepackt. Ich begann, mir bewusst zu werden, dass ich den Höhepunkt meines Lebens überschritten hatte, und ich fing an, auf den Klang der sanften Stille zu lauschen, die unerwartet nach dem Feuer eintritt.

Ich stellte mir Fragen wie diese:

- Höre ich auf das leise Flüstern in meinem Inneren?
- Steht meine Arbeit noch immer im Mittelpunkt meines Lebens und meiner Identität?
- Was ist mein Ziel? Mein Lebenswerk? Mein Schicksal?
- Betrachte ich mein Leben auch in entscheidenden Maß unter dem Aspekt, eine Ewigkeit mit Gott zu verbringen?
- Was bedeutet es, »alles zu haben«?
- Durch was möchte ich anderen in Erinnerung bleiben?
- Wie würde mein Leben aussehen, wenn es wirklich gut wäre?

Jesus selbst sagte von sich, dass er gekommen sei, damit seine Jünger Leben in Fülle haben. Leben in Fülle – was für ein Angebot! Meiner Meinung nach verpassen es viele Menschen, die Religion nur mit Regeln und Verboten in Verbindung bringen und die der Meinung sind, Jesus sei nur gekommen, um die Stirn zu runzeln, zu schimpfen und »Nein!« zu sagen, dieses Angebot anzunehmen. Der Jesus, den ich kennen und lieben gelernt habe, hat mir wirklich ein Leben angeboten, das sich zu leben lohnt.

Aber das habe ich lange Zeit überhaupt nicht wahrgenommen. Ich habe sein »Ja« zum Leben nicht gehört, weil ich zu beschäftigt war, um irgendetwas hören zu können.

Glaube an sich war für mich kein Thema. Schon sehr früh habe ich zum Glauben an Gott gefunden. Aber während des größten Teils meiner ersten Spielhälfte war ich, um ein Bild aus der Welt des Baseballs zu gebrauchen, beim zweiten Laufmal gestrandet. Betrachten Sie bitte das folgende Diagramm:

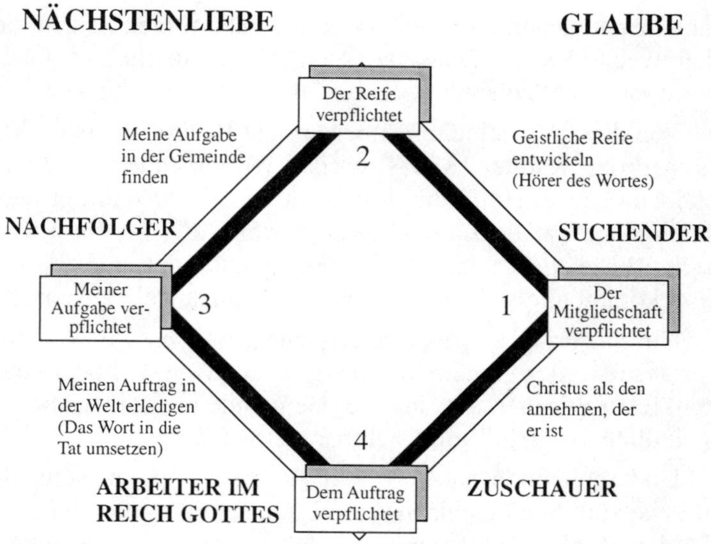

Das erste Laufmal ist der einfache, kindliche Schritt des Glaubens. Für mich bedeutete dies zu akzeptieren, dass das, was Jesus in der Bibel sagt, wahr ist. Zu diesem Schritt gehört auch, was Kierkegaard den »Sprung des Glaubens« nennt. Glaube schaltet die Vernunft nicht aus, aber er ist etwas anderes als die Vernunft. Als Geschenk Gottes akzeptiert er andere Wertmaßstäbe. Ohne den Glauben sind wir meines Erachtens nur Zuschauer bei Dingen, die das menschliche Herz oder die Seele betreffen. Mit dem Glauben können wir die anderen beiden Fähigkeiten, unsere rationalen und emotionalen Sinne, auf dem Weg zu persönlichem Wachstum (zweites Laufmal) einsetzen.

Bei mir ging es auf diesem Weg zum zweiten Laufmal nur um den Glauben. In erster Linie war das Herz daran beteiligt, dann der Kopf. Um das zweite Laufmal hinter sich lassen zu können, musste eine Veränderung geschehen. Jetzt geht es darum, dass sich der Einzelne vom »Hörer des Wortes« zu jemand entwickelt, der das Wort in die Tat umsetzt. Es geht um den Wechsel vom Glauben als einem verinnerlichten Glaubenssystem hin zu einem Glauben, der sich im Alltag auswirkt.

Von diesem gelebten Glauben spricht Paulus im ersten Korintherbrief, Kapitel 13, das mit den Worten endet: »Für jetzt bleiben Glaube, Hoffnung, Liebe, diese drei; doch am größten unter ihnen ist die Liebe.« Das griechische Wort für Liebe, *agape*, bezeichnet u. a. eine geistige, geläuterte Liebe, die von Gott kommt und sich auch im praktischen Handeln auswirkt.

Um das dritte Laufmal zu erreichen, müssen wir Nachfolger Jesu werden, indem wir unseren Glauben in Form eines konkreten Engagements in einer Gemeinde oder einer übergemeindlichen Organisation sichtbar werden lassen.

Und schließlich haben wir die letzte Etappe erreicht, die Strecke zum Schlagmal. In diese Etappe gehört, dass wir, wie Gordon MacDonald es nennt, zu »Förderern der Sache Gottes« werden. Dies beinhaltet, dass wir die Aufgabe in der Welt finden, die Gott jedem von uns zugedacht hat. Die Griechen bezeichneten dies gern als »Schicksal«.

Bei den Laufmalen 3 und 4 des Baseballdiagrammes geht es um aktives Engagement. Man kann sie von den ersten beiden, die nach meiner Überzeugung in erster Linie vom Glauben bestimmt sind, nicht trennen, sondern sie erwächst aus diesem Glauben und verleiht ihm Glaubhaftigkeit. Auf diesem Hintergrund müsste die Aussage des Jakobus »Glaube ohne Werke ist tot« neu umschrieben werden. Nicht nur meine Erfahrung ist: »Glaube ohne Werke stirbt.« Das Leben im Glauben muss ein Leben werden, das der Einzelne entsprechend seinem Glauben verantwortlich gestaltet. Die Beine und Hände müssen Kopf und Herz folgen, sonst ist der Körper nicht eins.

Gott würde natürlich gern sehen, wenn wir alle einen *Homerun* schaffen würden, doch vielen Christen gelingt es nicht, ihren Glauben in die Tat umzusetzen. George Gallup Jr. hat herausgefunden, dass 84 % der Amerikaner von sich behaupten, Christen zu sein. Bei so vielen Christen sollte es doch möglich sein, solide biblische Wertmaßstäbe in alle Kulturbereiche einzuführen. Ich zweifle nicht an Gallups Ergebnissen, aber ich muss zugeben, dass ich auch nicht annähernd so viele Hinweise auf einen lebendigen, christlichen Glauben in unserer Gesellschaft erkennen kann, die diesen 84 % entsprechen würden. Der Grund dafür ist meiner Meinung nach u. a. der, dass die meisten von uns irgendwo zwischen dem ersten und dem zweiten Laufmal steckengeblieben sind.

Vielen fehlt in der ersten Lebenshälfte die Zeit, um über das zweite Laufmal hinauszukommen. Wir jagen und sammeln, tun unser Bestes, um für unsere Familien zu sorgen, in unserem Beruf weiterzukommen und unseren Glauben und unsere Wertmaßstäbe an unsere Kinder weiterzugeben. Viele Männer, und sicherlich auch eine wachsende Anzahl an Frauen, müssen in der ersten Lebenshälfte kämpfen. Sie haben das Gefühl, sich und anderen beweisen zu müssen, dass sie etwas Großes vollbringen können, und das können sie am ehesten, wenn sie sich mehr und mehr auf ihre Aufgabe konzentrieren.

Bei mir und sicherlich auch vielen anderen war die erste Lebenshälfte eine Zeit, in der wir den Glauben entwickeln und mehr darüber lernen konnten bzw. können, wie die Bibel auf einzigartige Weise unser Leben betrifft. Die zweite Lebenshälfte, wenn der Druck ein wenig nachlässt, ist oft erst die Zeit, in der viele Menschen das zweite Laufmal hinter sich lassen und anfangen, den Glauben, den sie entwickelt haben, in die Tat umzusetzen. So war es jedenfalls bei mir.

In der »Odyssee«, dem Heldenepos, das von dem Leben des Odysseus berichtet, gibt es zwei starke Mächte, zwischen denen sich Odysseus hin- und hergerissen fühlt: die Arbeit und die Heimat. Er sehnt sich danach, nach Hause zu kommen. Trotzdem genießt er die Schlachten, die er zu schlagen hat. Entdecken Sie Parallelen? Während der ersten Lebenshälfte sind viele von uns zu sehr zwischen dem Wunsch, bei unseren Familien zu sein, und dem Abenteuer, in unserem Beruf erfolgreich zu sein, hin- und hergerissen. Ist es ein Wunder, dass wir in diesen Fällen die leise Stimme in uns oft nicht vernehmen, die uns aus unserer selbstgewählten Einseitigkeit herausruft?

In der ersten Lebenshälfte geht es für viele darum, etwas zu erreichen und zu gewinnen, es geht um Lernen und Verdienen. Die meisten von uns tun dies auf ganz gewöhnliche Weise: Wir absolvieren eine Ausbildung und treten in die Arbeitswelt ein; wir gründen eine Familie, kaufen oder bauen im günstigsten Fall ein Haus und verdienen genügend Geld, um über unsere Bedürfnisse hinaus uns noch einige Wünsche erfüllen zu können; wir setzen uns Ziele und streben danach, sie zu verwirklichen. Einige gehen die Umsetzung ihrer Pläne spektakulärer, aggressiver an, andere weniger. Doch egal, wie jemand als junger Mensch seine Ziele verfolgt: Er hat nur wenig Zeit, in diesen Jahren auf Gott zu hören. Falls wir geistliche Interessen haben, äußern sich diese vermutlich in der für die erste Lebenshälfte typischen Form: Mitgliedschaft in bestimmten Gemeindekomitees, Mitarbeit in der Sonntagsschule, Jugendarbeit, Frauenarbeit oder Organisation einer Kirchenfreizeit. Zweifellos alles wichtige Aufgaben in der Gemeinde Gottes, aber letztlich doch noch nicht das, worauf es Gott in unserem Leben ankommt!

Die »zweite Lebenshälfte« ist allerdings in geistlicher Hinsicht für viele risikoreicher, weil es hier darum geht, über das Unmittelbare hinaus das Leben neu zu gestalten und mit Sinn zu füllen. Es geht darum, den Samen der Kreativität und Energie freizusetzen, der in uns schlummert, ihn zu begießen und zu pflegen, damit wir Frucht bringen können. Dazu gehört nach meiner Überzeugung, dass wir unsere Gaben im Dienst für andere einsetzen – und die persönliche Freude erfahren, die durch diese »Investition« entsteht.

Wenn Sie möchten, dass Ihre »zweite Lebenshälfte« besser verläuft als die erste, müssen Sie die Entscheidung treffen, die Sicherheit eines Lebens, das in gewohnten Bahnen einfach so weiterläuft, zu verlassen. Sie müssen sich mit der Frage auseinander setzen, wer Sie eigentlich sind, warum Sie glauben, was Sie zu glauben vorgeben, und was Sie tun, um Ihrem Alltag und Ihren Beziehungen Bedeutung und Struktur zu verleihen.

Diese Entscheidung beinhaltet ein Risiko: Indem Sie die Sicherheitsdecke beiseite schieben, die Sie in Ihrer Bequemlichkeitszone sicher und warm hält, müssen Sie vielleicht einige vertraute Orientierungspunkte aufgeben. Vielleicht haben Sie am Anfang sogar das Gefühl, die Kontrolle über Ihr Leben verlieren.

Dazu kann ich nur sagen kann: schön für Sie.

Es ist wirklich gut für Sie, die Kontrolle abzugeben und dabei wieder mehr zu »Verstand« zu kommen – jene Sinne zu entdecken, die Sie fähig machen, das Abenteuer des Lebens und seine Belohnung zu entdecken.

Über Ihre Zukunft, die vor allem in solchen Zeiten sehr turbulent sein kann, haben Sie oft nur wenig Kontrolle, wie sehr Sie sich auch bemühen, sie zu planen und festzulegen. Dies gilt für Menschen in allen Lebensabschnitten, vielleicht aber doch noch mehr für diejenigen, die sich den mittleren Jahren nähern.

Als ich selbst in diese Phase meines Lebens eintrat, war für mich der Übergang in den »Nachmittag« des Lebens eine Gelegenheit, in der ich meine Zeit und mein Vermögen neu geordnet habe, in der ich meine Wertvorstellungen und meine Vision von meinem Leben neu überdachte. Es war mehr als eine Erneuerung; es war ein Neuanfang. Es war mehr als eine Überprüfung der Realität; es war ein neuer und gelassener Blick in die heiligste Kammer meines Herzens, der mir schließlich die Gelegenheit gab, auf das tiefste Sehnen meiner Seele zu reagieren.

Und wie sich herausstellte, war es eine Zeit, zu pflanzen und zu entwurzeln, zu weinen und zu lachen, zu trauern und zu tanzen, zu suchen und aufzugeben, zu behalten und wegzuwerfen. Es war die wichtigste Zeit in meinem Leben.

Bisher.

Der mittlerweile achtzigjährige Schriftsteller Norman Corwin erinnerte sich in seinem Buch *The Ageless Spirit* [frei: »Der Geist, der nicht altert«] an seinen Eintritt in die mittleren Jahre:

> *»Ich erinnere mich jetzt, dass der schwierigste Geburtstag, den ich je erlebt habe, mein vierzigster war. Er war ein Symbol für mich, wie es jetzt hieß, von der Jugend Abschied zu nehmen. Aber ich glaube, wenn man dieses Alter erst einmal überwunden hat, dann ist es, als würde man die Schallmauer durchbrechen.«*

Denn ganz bestimmt ist es die Zeit, die »wahre Freude des Lebens« zu entdecken, wie George Bernard Shaw vor einigen Jahren schrieb. In einem seiner Werke heißt es:

> *»Dies ist die wahre Freude im Leben – sich für einen Zweck gebrauchen zu lassen, der von dir selbst als ein sehr wichtiger anerkannt wird, eine Macht der Natur zu sein, anstatt ein fiebernder, selbstsüchtiger Erdklumpen mit Leiden und Schmerzen, der sich beschwert, dass die Welt sich nicht dafür einsetzt, ihn glücklich zu machen. Ich bin der Meinung, dass mein Leben der Gemeinschaft gehört, und solange ich lebe, ist es mein Vorrecht, für sie zu tun, was ich kann. Ich möchte verbraucht sein, wenn ich sterbe, denn je härter ich arbeite, desto mehr lebe ich. Ich freue mich am Leben um seiner selbst willen. Für mich ist das Leben keine kurze Kerze. Es ist eine prächtige Fackel, die ich im Augenblick halte, und ich möchte, dass sie so hell wie möglich brennt, bevor ich sie an zukünftige Generationen weitergebe.«*

Nehmen Sie folgende Frage als Anregung, über die Zeit, die vor Ihnen liegt, nachzudenken: Wenn Ihr Leben vollkommen wäre, wie müsste es aussehen? Es lohnt sich, länger über diese Frage nachzudenken, denn das Bild, das vor Ihrem inneren Auge entstehen wird, kann Ihnen helfen, Glück und Zufriedenheit zu finden. Aber es kann letztlich nur entstehen, wenn Sie auf die leise Stimme in Ihrem Innern hören.

Kapitel 2

Die entscheidende Wende

Einige Christen wissen den genauen Zeitpunkt ihrer Umkehr zu Gott. Das Datum, den Wochentag, die Stunde, Minute, Sekunde. Wumm! In einem Augenblick ist etwas passiert und sie waren verändert … »wieder geboren«, wie man das nennt … gerettet.

Bei mir ist das nicht so. Ich erzähle dies weder mit Bedauern noch mit Stolz. Mir wurde das Geschenk des Glaubens in so frühem Alter gegeben, dass ich mich kaum daran erinnern kann, jemals ohne den Glauben an Gott gelebt zu haben. Natürlich habe auch ich Fragen gehabt und die typische Verwirrung über bestimmte theologische und lehrmäßige Formulierungen empfunden, aber ich habe niemals an Gott gezweifelt. Ich habe immer geglaubt, dass Jesus der ist, der zu sein er behauptete.

Dieser Zustand des Vertrauens und einer beglückenden Gewissheit ist nicht mein eigenes Verdienst. Ich habe nicht nach Gott gesucht. Mein unerschütterlicher Glaube ist ein Geschenk von Gott, dem Gott, der *mich* gesucht hat! Darum kann ich von keinem dramatischen oder emotionsgeladenen Wendepunkt in meiner geistlichen Entwicklung berichten – abgesehen von einer überraschenden, ins Gegenteil verkehrten Bekehrungserfahrung im Alter von vierzehn, als ich den Gedanken aufgab, Geistlicher zu werden. Aber an meinem persönlichen Glauben hielt ich unerschütterlich fest.

Als ich ein Teenager war, zog meine Familie von Oklahoma nach Tyler, Texas, in die Tannenwälder auf der Ostseite des *Lone Star*-Staates. Mein Vater war Jäger und Meister im Tontaubenschießen von Oklahoma und trank sehr viel. Er starb, als ich in der fünften Klasse war, noch vor unserem Umzug nach Texas. Ich kann mich nicht mehr gut an ihn erinnern, allerdings weiß ich noch, dass er seinen Whisky immer aus der Flasche trank. Er tat es in einer Art, die, wie ich später erfuhr, in jener Nachkriegszeit, als Ernest Hemingway große Romane schrieb und die rauhen amerikanischen Männer sich für unzerstörbar hielten, durchaus normal war.

Mein Vater war jedoch nicht unzerstörbar.

Er hinterließ eine junge Witwe und drei kleine Jungen. Zusammen machten wir weiter. Kurze Zeit führte meine Mutter den Radiosender in Oklahoma fort und als wir nach Tyler zogen, kaufte und betrieb sie auch dort einen Radiosender.

Als meine Mutter so plötzlich auf sich allein gestellt war, entwickelte sie sich zu einer erfolgreichen Geschäftsfrau mit einer Vision im Medienbereich. Sie beantragte die Lizenz für den ersten Fernsehsender in Tyler. Ihr Konkurrent war der Besitzer der örtlichen Zeitung und gehörte einer in der Stadt sehr angesehenen Familie an, die natürlich im Ölgeschäft eine herausragende Rolle spielte.

Ihre Chancen standen äußerst schlecht. Sie war Witwe, allein und relativ neu in der Stadt, während die Familie des Ölmagnaten Geld und Einfluss besaß und sich für praktisch jede Wohltätigkeitssache einsetzte. Dazu kam, dass im nahe gelegenen Dallas die drei Fernsehlizenzen jeweils an die Besitzer der Zeitungen vergeben worden waren.

In der Zwischenzeit musste sich meine Mutter vor Gericht in Smith County bemühen, ihre »Benachteiligungen« aufheben zu lassen. Zu jener Zeit, Anfang der fünfziger Jahre, war es Frauen gesetzlich verboten, ohne ihre Männer Verträge zu unterzeichnen und zu erfüllen, wenn das Gericht sie nicht vorher zur »alleinstehenden Frau« erklärt hatte.

Doch trotz aller Widrigkeiten und trotz der beträchtlichen kulturellen Barrieren hielt meine Mutter durch und bekam im

Oktober 1954 die Lizenz für *KLTV*. (Das »L« stand für Lucille, den Vornamen meiner Mutter.) Ihre hartnäckige Entschlossenheit lehrte mich eine wichtige Lektion und war ein Beispiel dafür, dass man vieles schaffen kann, wenn man es nur will. Schon in frühen Jahren kam ich zu der Überzeugung, dass auch ich durch harte Arbeit und Beharrlichkeit fast alles erreichen konnte.

Meine Mutter, die in der Folgezeit noch zweimal heiratete und mit ihren Ehen scheiterte, lebte für ihre Geschäftsinteressen und ihre Kinder. Wenn sie mich abends ins Bett brachte, las sie mir keine Kindergeschichten vor, sondern erzählte mir von Bilanzen, Einspruchsfristen und Werbestrategien. Und bei der Bewerbung um die Fernsehlizenz gab sie bei der *Federal Communications Commission* unter anderem als Grund für ihren Antrag an, sie wollte den Sender erwerben in der Hoffnung, dass ihre Kinder ihn eines Tages weiterführen würden.

Die Zielstrebigkeit und Begeisterung meiner Mutter für ihre Arbeit verursachten sowohl Aufregung als auch Spannung in mir – eine sehr intensive innere Auseinandersetzung zwischen dem Wunsch, ein erfolgreicher Geschäftsmann zu werden und ein Leben im Dienst für Gott zu führen. Jahrelang konnte ich diese Spannung nicht lösen, doch im Alter von vierzehn Jahren gab es eine entscheidende Wende in meinem Leben.

Ich erinnere mich noch ganz genau an diesen Augenblick, so wie manche Menschen sich an jede Einzelheit ihrer Umkehr erinnern oder noch genau wissen, wo sie sich in dem Augenblick befanden, als sie von der Ermordung Präsident John F. Kennedys erfuhren.

Der Augenblick meines Umdenkens in Bezug auf meine Berufung fand in Miss Mittie Marshs Englischunterricht in der neunten Klasse der *Hogg Junior-Highschool* statt. Während meiner Jugend war Mittie Marsh in Tyler eine Legende. Sie und ihre Schwestern Minnie und Sara unterrichteten an den öffentlichen Schulen in der Stadt und lebten in einem großen

Herrschaftshaus auf dem *South Broadway*, der Hauptstraße, auf der freitag- und samstagabends die Schüler mit ihren Wagen vorbeifuhren. Mittie Marsh und ihre Schwestern setzten die Maßstäbe für akademische Härte. Sie warnten immer: »Wenn ihr euch keine Mühe gebt, werdet ihr nicht das College eurer Wahl besuchen können.«

Ich saß in der zweiten Reihe auf der linken Seite des Klassenzimmers. Bis zum heutigen Tag weiß ich immer noch nicht genau, was mich zu der Entscheidung veranlasst hat, aber auf einmal wusste ich, dass predigen, taufen, trauen und beerdigen *out* und als TV-Manager Geld verdienen *in* war. Ich hatte eine klare Entscheidung getroffen und beschlossen, mich auf den Fahrersitz eines rasanten Sportwagens zu setzen.

Natürlich war ich zu jener Zeit erst ein Teenager und das Fernsehen, das damals noch in den Kinderschuhen steckte, schien kaum eine ernstliche Bedrohung für die etablierten amerikanischen Unterhaltungsgewohnheiten zu sein: Man las, besuchte sich gegenseitig und hörte Radio. Aber was wusste ich schon? Ich war auf der Highschool, stand gerade am Anfang meines Lebens. Die Geschäftswelt – und vor allem die neue und aufregende Technologie des Fernsehens – schien eher so etwas wie ein Sport zu sein, allerdings mit größerem Risiko und Gewinnmöglichkeiten, als ich mir vorstellen konnte.

Und, offen gesagt, ich wollte derjenige sein, der aufs Spielfeld trat und den neunten Spielabschnitt und somit das Spiel gewann. Ein richtiger Held also. Es war eine momentane Entscheidung, die den Weg für die späteren Jahre ebnete.

Noch immer liebe ich den Sport des Fernsehgeschäfts – den Wettbewerb, die Strategien, die Siege. Einer meiner Kollegen (der später Selbstmord beging) nannte das Geschäft »den größten Sport der Welt.« Ich weiß genau, was er meinte, weil auch ich es als unbeschreiblich belebend empfinde, mich der Konkurrenz zu stellen, Punkte zu machen, zu siegen, Niederlagen einzustecken und dann nochmals zu siegen. Noch immer ist es für mich überaus anregend, ein wichtiger Spieler zu sein. Auch glaube ich, dass die Zusammenarbeit mit Menschen das beste Umfeld zum Lernen und die größte intellektuelle Herausforderung bietet – sehr viel mehr als das Auswendiglernen von Fakten aus einem Buch. Unser theoretisches Wissen wird durch die Erfahrung am ehesten erweitert und meine Erfahrung im Fernsehgeschäft hat mich viel darüber gelehrt, was notwendig ist, um erfolgreich zu sein.

Aber jetzt wird mir klar, dass es auch noch andere Spiele gibt, die auf vielen unterschiedlichen Spielfeldern ausgetragen werden. Und ich habe gelernt, dass es auch andere Arten des Gewinnens gibt, die nichts mit dem Wettlauf um die Einschaltquoten oder die Vergrößerung des Marktanteils und Steigerung des Profits zu tun haben.

Diese wertvolle Lektion erschloss sich mir – wie das bei Ihnen vielleicht bereits der Fall gewesen ist oder eines Tages so sein wird – langsam durch eine wachsende Aufmerksamkeit für alles, was in meinem Leben so vor sich geht. Dies begann vor etwa zwei Jahrzehnten, und schließlich drangen die neu gewonnenen Erkenntnisse zu der Stelle vor, an der die Entscheidungen getroffen werden – mitten in einer Zeit, in der ich kaum etwas anderes tat, als große Geschäfte zu machen.

Es war der Ursprung einer permanenten und intensiven Überprüfung jenes erstaunlichen »umgekehrten Bekehrungserlebnisses«, das mich damals wie ein Blitz in der Highschool getroffen hatte, als ich mit klarem Kopf meinen jugendlichen Träumen eine neue Richtung gab.

Das war der Moment, in dem ich anfing, mir ernsthaft Gedanken über die Verwirklichung meiner Vorstellungen zu machen.

Kapitel 3

Eine Zeit des Suchens und der Selbsthilfe

»Alles hat seine Stunde [...] *eine Zeit zum Suchen und eine Zeit zum Verlieren«* (Koh 3,1.6).

Ein beliebter Satz der angebotsorientierten Wirtschaftspolitik lautet, dass eine steigende Flut alle Schiffe auf dem Meer hebt. Nicht alle stimmen dieser Theorie zu. Aber meine Industriesparte, das Fernsehgeschäft, war nichts anderes als eine kommerzielle und kulturelle Flutwelle, die während der sechziger und siebziger Jahre über die Vereinigten Staaten hinwegrollte. Sie wurde zu einem Unterhaltungs- und Informationsgiganten, der sehr großen Einfluss auf die Art ausübte, wie die Leute miteinander umgingen.

Mein Schiff hob sich.

Wie Sie sich sicher vorstellen können, war es im kommerziellen Fernsehgeschäft eine besonders lohnende Zeit. Über einen Zeitraum von drei Jahrzehnten hinweg, in denen die Holdings meiner Familie von einem einzigen Fernsehsender auf eine Reihe von Kabelsendern in mehreren Teilen des Landes expandierten, hatte die *Buford Television Inc.* einen jährlichen Zuwachs von 25 %.

Managementexperte Peter Drucker sagte mir vor vielen Jahren einmal, die Direktoren einer Firma, die Jahr für Jahr das Wachstum ihrer Gesellschaft steigern wollten, müssten entweder verrückt, betrügerisch oder offen sein für die auf dem

Wachstum ihrer Gesellschaft basierenden Veränderung, den Gelegenheiten und Herausforderungen, die diese Expansion ihnen biete. Zwischen 1954 und 1986 expandierte das Fernsehgeschäft in Amerika zu einem riesigen Koloss. Nur wenige Industriezweige haben während dieser Zeit eine solche Phase des ununterbrochenen Wachstums gehabt wie wir vom Fernsehen. Aber das solide, ja sogar spektakuläre Wachstum von *Buford Television Inc.* war bis zu einem gewissen Maß auf wohl überlegte Veränderung zurückzuführen. Ab Mitte der achtziger Jahre zum Beispiel ging es nicht mehr darum, einzelne Sender zu besitzen. Die meisten Leute in den Vereinigten Staaten hatten die Möglichkeit, über Kabel fünfunddreißig bis fünfundfünfzig Sender zu empfangen. Die *BTI* gab ihre Fernsehsender auf und konzentrierte sich voll auf das Kabelfernseh-Geschäft.

Wie das Leben ist auch das Geschäft von bestimmten Zeiten abhängig. Die Umstände ändern sich. Wie ein Mensch braucht auch eine Gesellschaft von Zeit zu Zeit eine Neuorientierung, um ein gesundes Wachstum zu erreichen. Man sollte ein Gespür dafür entwickeln, wann »die Party vorbei« ist und wann es Zeit ist, sich einer neuen Herausforderung zu stellen.

Als meine Mutter bei einem Feuer in ihrem Hotelzimmer in Dallas ums Leben kam, rückte ich im Alter von einunddreißig Jahren als ältestes Mitglied der Familie in die Chefetage der Gesellschaft auf. Meine Mutter hatte mir sehr viel über das Geschäft und das Leben beigebracht. Wie die meisten Menschen, die es im Leben zu etwas bringen, war sie ein Mensch mit großen Stärken, aber auch mit großen Schwächen.

Sie war risikofreudig und energiegeladen, strebte nach Erfolg im Geschäft und vermittelte mir in meiner Kindheit Selbstwertgefühl und Selbstsicherheit. Als ich die Highschool besuchte, stellte sie mich immer als »den größten Linksaußen der Welt« vor. In Wahrheit spielte ich in meinem ersten Jahr auf der Highschool nur als Ersatzspieler. In meinem zweiten Jahr rückte ich dann in die Mannschaft auf, aber ich war nie ein großer Footballspieler. Trotzdem gefiel es mir, wenn sie mich so vorstellte, denn diese Worte gaben mir Bestätigung und beflügelten mich.

Aber meine Mutter war auch naiv und häufig undiszipliniert – Schwächen, die zweifellos für ihre Enttäuschungen und die Auflösung ihrer späteren Ehen verantwortlich waren. Diese Schwächen hatte ich mir geschworen zu vermeiden.

Obwohl ich seit meinem Collegeabschluss im Familienunternehmen mitgearbeitet hatte, läutete der Tod meiner Mutter einen neuen Abschnitt in meinem Leben ein – neue Verantwortungsbereiche, neue Entscheidungen, neue Träume. Es war Zeit für die nächste Generation und diese Zeit fiel mit einer Phase enormer gesellschaftlicher Unruhe zusammen. Die kinderreichen Jahrgänge zogen in die Colleges ein und stürmten auf den Arbeitsmarkt, der Vietnamkrieg schleppte sich hin, Richard Nixon plante seine Wiederwahl; die *Watergate*-Affäre kündigte sich an.

Die soziale Unruhe ließ auch mich nicht unberührt, doch mein Hauptinteresse galt mir selbst und war darauf gerichtet, das Geschäft zu vergrößern. Zu jener Zeit liebte ich Selbsthilfebücher und alles, was zu einer Verbesserung meiner Fähigkeiten führen konnte. Ich las alles, was Peter Drucker geschrieben hatte. Ich besuchte den *American Management Association Presidents*-Kursus, ging zur *Harvard Business School* und durchlief das »Eigentümer/Manager-Programm« – einen neunwöchigen Intensiv-Kurs, der die Hauptelemente des Studiums der Betriebswirtschaft vermittelte.

Ich schuf mir meine Träume selbst ohne die Hilfe der damals auch in Unternehmerkreisen beliebten bewusstseinserweiternden Drogen. Von was ich total überzeugt war, das würde ich auch mit geballter Willenskraft erreichen, das wusste ich. Das war mein Glaubensbekenntnis. Schalte *Woodstock* ab, vergiss die schmutzigen Tricks des Weißen Hauses und frag nicht länger, ob man Menschen über dreißig trauen kann! Ich war fest davon überzeugt, dass ich mein Leben nach meinen Träumen und Wünschen gestalten konnte.

Das Einzige, das mich zum Nachdenken brachte, war meine Besessenheit vom Geschäft. Ich hatte das Gefühl, dass dadurch andere Bereiche meines Lebens zu kurz kamen. Trotz der Begeisterung, nun tatsächlich ein Geschäft ganz allein zu führen und die Früchte des Erfolges zu ernten, bewegte mich tief in meinem Innern immer wieder die Frage: Was verlierst du bei all dem, was du gewinnst? Denn ich wusste: Im Leben gibt es nicht nur das Geschäft.

Kurz nach der Übernahme des Unternehmens zog ich mich mit einem Notizblock zurück und machte mich daran, meine Karriere und mein persönliches Leben genau zu überdenken. Falls Kurskorrekturen nötig waren, und damit rechnete ich fest, würde ich alles daransetzen, sie vorzunehmen.

Ich stellte mir die Frage, die ich bereits im ersten Kapitel genannt habe:

Welche Elemente gehören nach meiner Überzeugung zu einem vollkommenen Leben?

Damals war ich vierunddreißig Jahre alt und es war das erste Mal, dass ich mir die Zeit genommen hatte, über mein Leben und meine Ziele nachzudenken. Die Antworten sollten mir klarmachen, wie ich leben sollte. Sechs Ziele schrieb ich nieder:

1. Das Geschäft um mindestens 10 % pro Jahr vergrößern.
2. Eine gute Ehe mit meiner Frau Linda führen und mit ihr zusammenbleiben, bis der Tod uns scheidet.
3. Gott dienen, indem ich anderen diene – Schätze im Himmel sammeln, indem ich mich in meiner Freizeit in meiner Gemeinde oder anderswo engagiere, wo ich meine Gaben einsetzen kann.
4. Unserem Sohn Ross Selbstwertgefühl vermitteln. Dies, so glaubte ich, würde ihn am besten auf alle schwierigen Situationen des Lebens vorbereiten, durch die er vielleicht

einmal hindurch müsste. Dazu gehörte ganz entscheidend auch, dass ich ihm einen begründeten Glauben an jemand vermittelte, der in jeder Hinsicht »größer« war als er.

5. Ich wollte kulturell und intellektuell das nachholen, was ich während meiner Studienzeit versäumt hatte.
6. Ich wollte herausfinden, was ich mit dem Geld tun wollte, das ich verdiente, und entscheiden, wie viel genug war. Ich beschloss, das Geld, das ich nicht brauchte, in die höchste Sache zu investieren, die ich mir vorstellen konnte. Aber welche war das nur?

Durch diese sechs Ziele gewann ich Klarheit über das, was ich mit meinem Leben anfangen wollte. Ich konzentrierte mich fast ausschließlich auf diese Bereiche und schloss alles andere aus, das nicht hineinpasste. Meine starke Konzentration auf die Expansion meines Geschäfts hatte ein Gegengewicht bekommen: Die letzten fünf Ziele definierten, was mir in meinem Privatleben wichtig war. Sie beantworteten die Frage: »Was werde ich verlieren bei all dem, was ich gewinne?« Ich wollte sicher sein, dass ich nicht etwas Kostbares – die Liebe meiner Frau, das Selbstwertgefühl meines Sohnes, die Gelegenheit, meinen Horizont durch Lernen zu erweitern, das aktive Umsetzen meines Glaubens – für etwas aufs Spiel setzte, von dem ich mehr als genug hatte: Geld, Macht und Erfolg.

Dies war weder damals noch ist es heute eine erschöpfende Liste von Lebenszielen. Aber es half mir, mich auf die Suche nach den wirklich wichtigen Dingen des Lebens zu machen, die mir helfen konnten, mich selbst zu verstehen.

Ich spielte noch in der ersten Spielhälfte und hatte meinen Blick für einen Moment auf die zweite Spielhälfte gerichtet.

Kapitel 4

»Erfolgspanik«

Sie schlich sich wie ein Dieb in der Nacht ein – ein stiller, hinterhältiger Eindringling, der den Frieden störte und herumschlich, um an den Verschnörkelungen eines Lebens zu kratzen, das vor Zufriedenheit, Geld, Erfolg und Energie nur so strotzte.

Die »Erfolgspanik« überschritt meine Türschwelle, als ich vierundvierzig war. Sie traf mich mit einem stumpfen Gegenstand – meiner sklavischen Hingabe an die Kunst des Aushandelns und der Faszination des Ausschaltens von Konkurrenten. Plötzlich stellte ich die Frage: Wie viel war genug?

Mittlerweile war das Fernsehgeschäft über unsere überaus optimistischen Voraussagen hinausgewachsen. Folglich hatte ich mein Ziel, Reichtum anzuhäufen, schon lange erreicht – und sogar mehr als erreicht. Ich besaß ein großes Haus. Ich fuhr einen Jaguar. Ich konnte zu jedem Ort der Erde reisen und tat es auch. Auch die meisten meiner anderen Ziele hatte ich erreicht oder sogar noch übertroffen.

Die Erfolgspanik kam vollkommen unerwartet. Ich erinnere mich, ein Buch über die Besteigung der Westseite des *Mount Everest* gelesen zu haben. Zwei Männer erreichten den Gipfel des höchsten Berges der Erde, nachdem sie Zig tausende von Dollars ausgegeben und einige ihrer Bergkameraden verloren hatten. Dort oben auf dem Gipfel konnten sie die Erde von ihrer höchsten Erhebung aus betrachten. Sie hatten enorme Hindernisse überwunden, um an ihr Ziel zu kommen, dennoch erlebten sie nicht die ungetrübte Freude und Begeisterung, die sie erwartet hatten. Nach nur wenigen Minuten schlug einer von ihnen vor, sich an den Abstieg zu machen, bevor der Wind sie vom Berggipfel fegte.

In der ersten Spielhälfte ist der Weg zum Gipfel viel aufregender als das Erreichen des höchsten Punktes.

Als die Erfolspanik zuschlug, führte sie mich an eine Kreuzung und zwang mich, bevor ich auch nur einen weiteren Schritt machte, einige längst überfällige wichtige Entscheidungen zu treffen:

- Begnüge ich mich damit, meine Ziele immer weiter hinauszuschieben und nur noch auf die Zeit zu achten, in der ich sie erreiche?
- Würde ich mir selbst gestatten, mich neuen Möglichkeiten zu öffnen?
- Habe ich eine Midlifecrisis durchlebt? Wenn ja, wie konstruktiv konnte ich mit ihr umgehen?
- Was kam nach dem Erfolg?

Dies waren schwierige Fragen für mich, weil ich so eng mit dem Geschäft verbunden war und um meine unternehmerischen Qualitäten und meine in meiner beruflichen Laufbahn entwickelten Führungseigenschaften wusste. Die Geschäftsarena war der Schauplatz, auf dem ich jeden Tag mich selbst – meinen Wert, mein Know-how – bewies; es war eine Bühne, auf der ich meine Talente und meinen Verstand unter Beweis stellte. Es war eine bequeme Welt für mich, nicht nur, weil sie mir vertraut war, sondern auch, weil es eine Welt war, in der von mir erwartet wurde, dass ich forderte, nicht liebte. Sie war berechenbar.

Offen gestanden hatte ich Angst vor dem Gedanken, mich wieder der Gemeindearbeit oder »guten Werken« zuzuwenden – jenem Drängen zum Dienst nachzugeben, das mich vor langer Zeit als Kind beschäftigt und nie ganz losgelassen hatte.

Dienst – so wie ich ihn immer verstanden hatte – war liebevoll, nicht fordernd – die genaue Antithese der realen Welt, in der ich mich nun seit fast einem Vierteljahrhundert sehr gut eingerichtet hatte. Er schien mir zu verschwommen, zu nett, zu sehr von einer anderen Welt, und vor allem: nicht berechenbar zu sein.

Außerdem warnten mich alle meine Freunde davor, die Leitung eines so erfolgreichen Unternehmens aus der Hand zu geben. Und doch hörte ich wie Elia diese leise, kaum hörbare Stimme, die mich rief. Mir brach der kalte Schweiß aus, obwohl – oder sollte ich besser sagen: gerade weil – mir das Feuer meines Erfolges immer noch ganz gehörig einheizte.

Die leise, aber beharrliche Stimme bat mich, eine Frage zu überdenken, die ich während der vergangenen Jahre aus dem Blick verloren, ja verdrängt hatte.

Verstehst du den Unterschied zwischen »berufen« und »getrieben« sein?

Ich will ganz offen sein: Ich war an einem Punkt angekommen, an dem eine fundamentale Entscheidung zu treffen war. Wie bei den meisten Entscheidungen im Leben ging es hier nicht um »schwarz« oder »weiß«. Es war keine Entscheidung zwischen Maßlosigkeit und Selbstverleugnung, zwischen Führungsposition und Abhängigkeit, sondern es ging um die breite Grauzone zwischen diesen Extremen. Dass ich mich dieser Frage stellte, diente jedoch nur dazu, mir über die Kosten wie auch über den Gewinn klar zu werden, wenn ich mich entscheiden sollte, meine Glaubensüberzeugung zusammen mit meinen mittlerweile doch bewährten Talenten in meinem Leben umzusetzen.

Letztlich führte mich diese einfache Frage zu der Überlegung, ob ich nicht durch die Anhäufung von Reichtum unvergleichlich mehr verlieren könnte.

Meine Sorge war, dass ich vom Erfolg abhängig werden könnte. Die Schnittstelle zwischen Erfolg und Sinnerfüllung ist eine sehr verletzliche und gefährliche Zone. Für viele macht es Sinn, so viel Erfolg wie möglich zu haben. Oft merken sie dabei jedoch nicht, dass diese Jagd nach dem Erfolg sie immer unfreier werden läßt. Es ist für solche Menschen alles andere als einfach, sich immer wieder vor Augen zu halten: Der Erfolg muss immer der Diener bleiben und darf niemals zum Herrn über unser Leben werden.

Ich wusste, dass es Zeit war, eine Entscheidung zu treffen.

Kapitel 5

Die Hauptquelle ausfindig machen

Die Rettung kam in dieser Situation von einer für mich unerwarteten Seite: In der Stunde der größten Not führte Gott mich zu einem Atheisten.

Mike Kami ist Berater für strategische Planung. Er ist brillant. Er stellt hohe Ansprüche. Er ist intuitiv. Er macht es einem Menschen unmöglich, ihm etwas vorzutäuschen, und dringt zum Kern vor. Als Topberater der *American Management Association* war Kami während der Jahre des rapiden Wachstums der Firma Leiter der Abteilung »Strategische Planung« bei *IBM*. Danach wurde er für eine riesige Summe von *Xerox* für dieselbe Aufgabe abgeworben. Er ist unabhängig, revolutionär und schonungslos in seiner Analyse.

Er glaubt nicht an Gott, aber in meinem Leben hat Gott ganz ohne jeden Zweifel durch Mike Kami gewirkt.

Ich war es gewohnt, von Zeit zu Zeit strategische Planungen für mein Unternehmen aufzustellen. Diese Pläne waren ein Maßstab, an dem wir die Effektivität messen konnten, mit denen wir unsere gemeinsamen Träume ihrer Erfüllung näher brachten. Sie waren leicht aufzustellen und meistens war es eine Freude, sie auszuführen.

Aber dies hier war substanziell anders. Jetzt musste ich einen strategischen Plan für *mein* persönliches Leben aufstellen. Also breitete ich meine Wünsche und Sehnsüchte, die Listen der bekannten Stärken und Schwächen, mein Glaubensbekenntnis, begonnene und unvollendete Projekte, Dinge, die zu tun oder zu lassen waren, vor mir aus. Es war ein kunterbuntes

Durcheinander von sich ergänzenden und sich widersprechenden Ambitionen, eine Kakophonie lärmender Töne und Triller von der Sorte, wie man sie kennt, wenn ein Symphonieorchester seine Instrumente für das Konzert stimmt und sich einspielt.

Was sollte ich tun? Wie konnte ich nützlich sein? Wo sollte ich meine Talente, meine Zeit und mein Geld einsetzen? Welches waren die Werte, die meinem Leben einen Sinn geben konnten? Was ist die Vision, die mich bestimmt? Wer bin ich? Wo stehe ich? Wohin gehe ich? Wie gelange ich dorthin?

In dieses Durcheinander hinein stellte Mike Kami mir eine einfache und durchdringende Frage:

Was lege ich in die Waagschale?

Als ich ihn bat, mir diese Frage zu erläutern, berichtete Mike von einer Erfahrung, die er mit einer Gruppe von *Coca-Cola*-Managern und ihrem Plan, eine »neue *Cola*« einzuführen, gemacht hatte. Die Unternehmensführer hatten Mike gesagt, die Haupttriebfeder ihres Geschäfts sei der »großartige Geschmack«. Sie führten mehrere Geschmackstests durch, fanden eine neue Formel, die besser schmeckte als die ursprüngliche *Coca-Cola*, und führten kurz darauf die »neue *Cola*« ein – und gerieten prompt in eines der größten Marketingdebakel aller Zeiten.

Sie baten Mike zu einer weiteren Planungssitzung. »Sie haben bestimmt das falsche Wort in die Waagschale geworfen«, sagte Mike zu ihnen. »Versuchen wir es noch einmal.« Nach mehreren Stunden fanden sie etwas anderes, das sie in die Schale legen konnten: die »amerikanische Tradition«.

Die Manager hatten erkannt, dass ihre Entscheidung, *Coca-Cola* vom Markt zu nehmen, ein Angriff auf das amerikanische Lebensgefühl wäre, so, als würde man dem Amerikaner seinen Apfelkuchen oder sein *Fastfood* nehmen. Die sofortige Rückkehr zum Vertrauten ermöglichte es der *Coca-Cola-Company*, sich nach diesem Rückschlag recht schnell wieder zu erholen.

Ich für meinen Teil suchte nach dem, was ich in die Waagschale werfen könnte und erklärte Kami, ich sei offen für neue Unternehmungen und Möglichkeiten. Ich sagte ihm, ich hätte eingesehen, dass ich, um meiner christlichen Überzeugung gemäß zu leben, kein Prediger oder Pastor sein müsste, und ich warnte ihn, dass ich es ernst damit meinte, zumindest einen Teil meiner Energie von meinen geschäftlichen Bestrebungen in die Richtung eines noch nicht spezifizierten Bereiches des »Dienstes« zu verlagern. Vermutlich wollte ich auch mich selber ein Stück weit damit festlegen.

Nun, Kami nahm mich beim Wort. Er gab mir klar zu verstehen, wir könnten zusammen keinen ehrlichen Plan für mein Leben aufstellen, bis ich mir über das klar geworden wäre, was mich antrieb. »Ich höre Ihnen nun schon seit einigen Stunden zu«, sagte er schließlich, »und ich werde Sie nun fragen, was sich in Ihre Waagschale legen wollen. Für Sie ist es entweder Geld oder Jesus Christus. Wenn Sie mir sagen können, was es ist, kann ich die strategische Planung für Sie aufstellen. Wenn Sie es mir nicht sagen können, werden Sie zwischen diesen beiden Werten hin- und herschwanken und sehr verwirrt sein.«

Nie hatte mir jemand so direkt eine so bedeutungsvolle Frage vorgelegt. Nach einigen Minuten (die mir wie Stunden vorkamen) antwortete ich: »Nun, wenn es das eine oder das andere sein muss, dann lege ich Jesus Christus in die Schale.«

Es war ein Glaubensakt und eine sehr gewagte Herausforderung für mich, für Veränderung und Abenteuer offen zu sein. Mehr noch: *Es war die Verpflichtung, den bereits vorhandenen Glauben zu fördern.* Indem ich Christus als das Licht auf meinem Weg anerkannte, unterstellte ich mich gleichzeitig seiner Führung, wohin sein Weg mit mir mich auch führen würde. Dies betraf auch die Beziehung zu meiner Frau, zu meinen Freunden und natürlich auch meine Einstellung zur Arbeit und all den anderen Projekten, die mir vorschwebten.

Für mich bedeutete diese Entscheidung, in meinem Geschäft zu bleiben und das als »Mann im Hintergrund«, der etwa 20 % seiner Zeit der Aufgabe widmet, die Ziele und Werte des Unternehmens festzulegen, wichtige Leute für Schlüsselpositionen auszuwählen, die Standards aufzustellen und die Ausführung zu überwachen. Die restlichen 80 % meiner Zeit sind einer Vielzahl anderer Dinge gewidmet, vorwiegend der Ausbildung von Führungskräften in Gemeinden und gemeinnützigen Organisationen. Ich diene denen, die anderen dienen, und helfe ihnen, ihre Arbeit effektiver zu gestalten.

Damit jedoch kein Missverständnis aufkommt: Ich glaube nicht, dass es zu meiner »Berufung« gehört, meinen Lebensstil völlig umzukrempeln. Der Lebensstandard unserer Familie ist vergleichsweise immer noch recht hoch, obwohl wir ihn selbst als ganz normal empfinden. Vielleicht muss ich in diesem Punkt so offen reden, weil viele Menschen innerlich genau vor diesem »Risiko«, Gott könne von ihnen eine radikale Veränderung erwarten, zurückschrecken. Grund dafür ist die seltsame Vorstellung, eine Entscheidung für eine »sinnvollere zweite Lebenshälfte« beinhalte von vornherein immer auch eine radikale äußere Veränderung. Ich bin fest davon überzeugt, dass Gott die Menschen nach ihren Stärken gebraucht und uns nicht Aufgaben zuweist, für die wir keine Begabung und auch keine Berufung haben.

Mir ist natürlich klar, dass nicht jeder nur 20 % seiner Zeit seinem Beruf widmen kann. In dieser Hinsicht habe ich Glück. Aber lassen Sie sich nicht durch die Tatsache, dass Sie für Ihren Lebensunterhalt hundertprozentig arbeiten müssen, das Gute nehmen, das Gott für Sie in Ihrer zweiten Lebenshälfte bereithält. Hören Sie aufmerksam auf diese leise Stimme in sich und hinterfragen Sie sich ehrlich und offen. Wo liegen Ihre Prioritäten? Ist es Geld? Der Beruf? Die Familie? Freiheit?

Denken Sie daran, es kann nur eines in der Waagschale liegen. Wenn Sie sich erst einmal klargemacht haben, was Ihnen ungeachtet Ihrer Position im Leben wichtig ist, werden Sie eine Vielzahl von Aktivitäten entdecken – eingebettet in Zeiten der Stille für die Beschäftigung mit dem Wort Gottes, für Lesen und Nachdenken –, durch die Sie das »Eine« umsetzen können und die Ihnen helfen zu wachsen.

Kapitel 6

»Adios, Ross«

Da segelte ich nun friedlich und wie mir schien, sehr konstruktiv durch meine Midlifecrisis, hatte meine »Priorität« gehisst, das Spinnaker blähte sich fröhlich in der sanften Brise – und dann kam ohne Vorwarnung eine hohe Welle und warf das Boot um.

Ich hatte mich recht und schlecht durchs Leben geschlagen mit der Vorstellung, dass es Dinge gibt, die man weiß, einige Dinge, die man vermutet, und einige Dinge, die man nie verstehen wird. Kein Geringerer als Aristoteles spielte darauf an, als er sagte, die Seele operiere auf zwei Ebenen: der rationalen, die aufnähme, was man sehen und messen kann, und der Sphäre, die über die rationale Ebene hinausgehe, die den menschlichen Verstand übersteige und in das Reich der Götter gehöre.

Aber diese neue Entwicklung drohte mich noch in eine andere Dimension zu schleudern: in das Reich der Verzweiflung.

Unser einziges Kind, Ross, war ein sehr vielversprechender Junge. Er war mein Erbe, mein Nachfolger und auf eine Art, die Ihnen vielleicht unverständlich erscheinen mag, für mich einer meiner größten Helden.

Nach seinem Examen an der christlichen Universität von Texas in Fort Worth zog Ross nach Denver und nahm eine Stelle im Bankgeschäft an, wo er für Investments zuständig war. Es war als Vorbereitung gedacht für die Zeit nach seiner Rückkehr nach Texas, in der er eine leitende Position im Familiengeschäft übernehmen würde. In seinem ersten Jahr verdiente er 150 000 Dollar und in seinem zweiten Jahr, obwohl es kaum begonnen hatte, konnte man schon sehen, dass sein Einkommen auf über 500 000 Dollar ansteigen würde. In den späten Achtzigern war in diesem Bereich viel Geld zu verdienen. Aber weit wichtiger als sein finanzieller Erfolg war seine Persönlichkeit. Ross war ein entschlossener Mensch, energiegeladen, liebevoll und sehr feinfühlig im Umgang mit Menschen. Er hatte viele Freunde und er liebte das Leben mit all seinen Herausforderungen und seiner Vielfalt.

Am Abend des 3. Januar 1987 bekam ich einen Anruf von meinem Bruder Jeff, der mir erschüttert mitteilte, dass Ross und zwei seiner Freunde versucht hatten, den *Rio Grande*, die Grenze zwischen Südtexas und Mexiko, zu durchschwimmen.

»Ich glaube, es ist eine furchtbar ernste Situation«, sagte Jeff mit trauriger Stimme. »Ross wird im Rio Grande vermisst.«

Ein verrückter Gedanke hatte die drei jungen Männer zum *Rio Grande* geführt: Sie wollten am eigenen Leib erleben, wie sich die illegalen Einwanderer fühlten, die die Wassergrenze ins »Verheißene Land« USA überwanden. Ross war vierundzwanzig Jahre alt und es war sein letztes Abenteuer hier auf dieser Erde.

Mein Bruder informierte mich darüber, dass die *Texas Rangers* die Suche nach Ross und einem seiner Gefährten koordinierten. Der dritte junge Mann war am Leben und außer sich vor Sorge um das Schicksal seiner Freunde. Ich flog ins *Rio Grande*-Tal, um mich an der Suche zu beteiligen. Im Morgengrauen des folgenden Tages kam ich an. Ich charterte Flugzeuge, Hubschrauber, Schiffe, engagierte Suchmannschaften mit Spürhunden – alles, was man mit Geld kaufen konnte.

Gegen drei Uhr am Nachmittag sah ich einem Mann von der Suchmannschaft in die Augen und wusste, dass ich Ross nicht mehr lebend wieder sehen würde.

Ich erinnere mich daran, auf einem Kalksteinfelsen, der sich etwa siebzig Meter über dem schlammigen und heimtückischen Fluss erhob, am Ufer entlang gelaufen zu sein. Ich war so verängstigt wie nie zuvor. In mir hämmerte es: Das ist etwas, aus dem du keinen Ausweg finden kannst, aus dem du dich nicht herauskaufen oder herausarbeiten kannst.

In dieser Verlassenheit, die mich wahnsinnig zu machen drohte, wurde mir mit einem Mal klar: Jetzt kannst du nur noch vertrauen.

Das Unbegreifliche war über mich hereingebrochen und ich konnte es nur noch unter dem Gesichtswinkel der Ewigkeit verstehen. Albert Einstein hat einmal gesagt: »Das Unbegreifliche übersteigt die Wissenschaft. Es liegt im Bereich Gottes.« Was hier passiert war, gehörte für mich ganz bestimmt in den Bereich Gottes.

Ich erinnere mich, ein Gebet gesprochen zu haben, das im Rückblick die intelligenteste Bitte zu beinhalten schien, die ich je an Gott gerichtet hatte. »Lieber Gott«, betete ich, »gib mir irgendwie die Fähigkeit, den Trost, den die Menschen mir in dieser schrecklichen Zeit entgegenbringen, anzunehmen. Amen.«

Die Suche nach Ross und seinem Freund ging weiter und mir wurde tatsächlich unglaublich viel Mitgefühl entgegengebracht. Die Leiche meines Sohnes wurde erst im Frühling, mehr als vier Monate später, etwa zehn Meilen flussabwärts gefunden. Bevor seine Leiche geborgen wurde, fanden wir in seinem Schreibtisch in Denver ein handgeschriebenes Testament, verfasst am 20. Februar 1986, ein knappes Jahr vor seinem Tod. Während dieses schrecklichen Winters der Furcht und der Unsicherheit waren seine Worte für mich ein großer Trost.

»Nun, wenn ihr meinen letzten Willen lest, dann bin ich offensichtlich tot«, begann Ross. »Ich frage mich, wie ich wohl gestorben bin. Vermutlich unerwartet, sonst hätte ich mir sicher die Zeit genommen, dies hier zu überarbeiten. Auch wenn ich tot bin, so denke ich, sollte eines in Erinnerung bleiben, und das ist, dass ich eine wunderschöne Zeit verlebt habe. Wichtiger noch, ihr solltet daran denken, dass ich jetzt an einem viel besseren Ort bin.«

In seinem Testament war aufgeführt, wie seine irdischen Güter verteilt werden sollten. Das Dokument schloss mit den Worten: »Zum Schluss möchte ich noch sagen, dass ich euch alle geliebt habe und euch danken möchte. Ihr habt dazu beigetragen, dass mein Leben großartig war. Achtet darauf, dass ihr alle nach oben geht und nicht nach unten. Ich werde am Himmelstor auf euch warten. Haltet nur Ausschau nach dem Kerl in den alten Khakis, mit dem Stetson und einem verschlissenen Hemd, in Stiefeln und mit einem Jack Nicholson-Lächeln. Auch danke ich Gott für die Gelegenheit, dies noch vor meinem Tod zu schreiben. Danke. Adios, Ross.«

So schrecklich und traurig es war und ist, Ross verloren zu haben – sein Weggang und Tod verschafften mir seltene Erkenntnisse. Ich habe in dieser Situation so viel Trost und Freude erfahren, wie ich es nie für möglich gehalten hätte. Die vollkommene Leere und Zerbrochenheit waren schrecklich, aber gleichzeitig fühlte ich mich auch wundervoll. Schweigende Umarmungen von Freunden, Briefe und Telefonanrufe, die Anteilnahme und Mitgefühl übermittelten, Mahlzeiten, die uns gebracht wurden, all dies waren Zeichen der Liebe, die wir so sehr brauchten. Vor allem ein Brief zeigte uns, wie sehr Ross in seinem Leben ein Zeugnis für seine Mitmenschen gewesen war:

»*Liebe Mrs. Buford, lieber Mr. Buford,*
Ross und ich waren die besten Freunde. Alles, was er besaß, teilte er mit mir. Er sprach mit mir über seine Gedanken und Ideen, über seine Freude und seine Schmerzen. Wir lachten sehr viel miteinander. Aber vor allem hat er mir seine Liebe zuteil werden lassen.
Ross hat jetzt einen neuen besten Freund. Und Ross ist jetzt bei seinem neuen besten Freund. Aber genau wie früher teilt Ross seinen neuen besten Freund mit seinem alten besten Freund.
Ich danke Gott für Ross und ich verdanke Ross, dass ich den Herrn, unseren Gott, kennen gelernt habe.
Ronnie.«

Trotz des Trostes, den diese Worte mir gaben, war ich gezwungen, mich in jenen dunklen Wochen nach dem Tod unseres Sohnes vollkommen auf Gott zu verlassen. Häufig musste ich an den Bibelvers denken: »Mit ganzem Herzen vertrau auf den Herrn, bau nicht auf eigene Klugheit.« Ich erfuhr, dass Gott wirklich unseren Mangel auszufüllen vermag und dass seine Kraft in der Schwachheit mächtig ist. Ich lernte, dass ich in meinem Leben auf der Erde lebe als:

- Pilger, der nicht die Kontrolle besitzt;
- Diener, nicht Besitzer;
- Soldat, der sich nicht in Sicherheit befindet.

Es gibt ein einfaches Gebet der Quäker über das Geben und Nehmen, das ich an dem Abend nach Ross' Tod gesprochen habe und bis zum heutigen Tag immer wieder bete. Da die Quäker ihre Hände als eine Art religiöses Artefakt oder Symbol verwenden, wird der erste Teil des Gebets mit erhobenen und geöffneten Händen gesprochen als Zeichen, dass wir alles, was wir brauchen, von Gott empfangen. Der zweite Teil wird mit nach unten gekehrten Handflächen gesprochen als Zeichen, dass wir alles, was uns bewegt, in den Schoß eines wohlwollenden und liebenden Gottes werfen.

Ich verwendete diese Gebetsgesten, als ich zweieinhalb Wochen nach Ross' Beerdigung in einer Gemeinde sprach.

»Gott«, begann ich, »du hast mein Leben in meine Hände gegeben. Ich gebe es dir zurück. Meine Zeit, meinen Besitz, mein Leben … weil ich weiß, dass es nur ein Augenblick ist im Vergleich zu meinem Leben mit dir (und mit Ross) in der Ewigkeit.«

Mit nach unten gedrehten Handflächen schloss ich: »Vater, in deine Hände lege ich die Anliegen und Sorgen dieser Welt, weil ich weiß, du hast mich so sehr geliebt, dass du deinen einzigen Sohn für mich gegeben hast. Ich bin ein Sünder und brauche einen Erlöser und einmal mehr nehme ich an, dass du alles für mich getan hast. In Jesu Namen, amen.«

In seinem Brief an die Römer übermittelt Paulus eine Botschaft, die im Laufe der Jahrhunderte schon Millionen betrübte, verzweifelte und gebrochene Gläubige aufgerichtet hat: »Wir wissen, dass Gott bei denen, die ihn lieben, alles zum Guten führt, bei denen, die nach seinem ewigen Plan berufen sind« (Röm 8,28). Tatsächlich führt wirklich alles zum Guten, wenn man dabei den Blick auf die Ewigkeit nicht ausklammert.

Ich lebe in zwei Welten. Die eine ist die Welt der Ablenkung und des Beschäftigtseins. Es ist die Welt des Geschäftemachens und des Punktesammelns, die Welt der steigenden und fallenden Börsenkurse. Diese Welt ist wie eine Wolke; sie wird sich früher oder später auflösen. Die andere Welt, in der ich lebe, ist die, in der Ross jetzt ist – die Welt des Ewigen. Und es ist die Realität dieser anderen Welt, die mir gestattet, voller Zuversicht zu sein: »Adios, Ross, *für den Augenblick.*«

Diese Ewigkeitsperspektive hat mich veranlasst, getröstet zu George Bernard Shaws redegewandter Leidenschaft für das Leben und die Verantwortung, es jeden Tag auszukosten, zurückzukehren:

»Ich freue mich am Leben als solches. Das Leben ist für mich keine kurze Kerze. Es ist wie eine leuchtende Fackel, die ich im Augenblick in der Hand halte, und ich möchte sie so hell wie möglich brennen lassen, bevor ich sie an zukünftige Generationen weitergebe.«

Ein Grund, warum ich meinen lieben Ross auf die kurze Liste großer Helden setze, ist der, dass er trotz seines kurzen Lebens keine Kerze war. Er war eine leuchtende Fackel – voller Leben, Charisma, Ausstrahlungskraft – mit all jenen Attributen, die wir uns alle in ähnlich überfließender Form wünschen. Ross setzte seine Gaben jeden Tag voll und ganz ein. Er hielt sich nicht zurück, als ob er gewusst hätte, dass seine Tage unter uns gezählt sind. Sein Tod war tragisch, doch er hat mich dazu gebracht, darauf zu achten, dass meine Fackel hell leuchtet, solange es noch Zeit ist.

John Donne, ein berühmter englischer Dichter, schrieb einmal:

> *»Kein Mensch ist eine Insel, ganz für sich allein; jeder Mensch ist ein Teil des Kontinentes, ein Teil des Ganzen* […] *Der Tod eines Menschen sollte mich kleiner machen, weil ich ein Teil der Menschheit bin; und darum frage nie, wem die Glocke schlägt; sie schlägt dir.«*

Gestatten Sie sich, auf die Glocke zu hören. Und bevor Sie Ihnen schlägt, lassen Sie sie Ihr Wecker sein.

Teil II

Halbzeit

»Wichtig ist, mich selbst zu verstehen,
zu erkennen, was Gott von mir möchte […],
die Idee zu finden, für die ich leben
und sterben kann.«

Sören Kierkegaard

Kapitel 7

Bestandsaufnahme

»Ich habe oft gesagt, die einzige Ursache für das Unglück des Menschen ist, dass er nicht still in seinem Zimmer sitzen kann [...]. *Menschen wünschen sich nicht das leichte, friedliche Leben, das uns gestattet, über unseren unglücklichen Zustand nachzudenken, auch nicht die Gefahren des Krieges oder die Last der Arbeit, sondern die Aufregung, die uns ablenkt und zerstreut. Darum ziehen wir die Jagd der Gefangennahme vor. Darum lieben die Menschen häufig die Betriebsamkeit; darum ist das Gefängnis eine so schreckliche Bestrafung; darum werden die Vergnügen der Einsamkeit so selten begriffen.«*

Blaise Pascal, *Pensées*

Ich liebe Sportarten, deren Ergebnisse messbar sind und in denen die Uhr entweder ein Verbündeter oder ein Gegner ist. Ich liebe Fußball, bei dem man nach jeder Spielhälfte genau weiß, wieviel Tore geschossen wurden; ich liebe auch den »Sport« des Geschäfts, wo ebenfalls nach jeder Spielhälfte der Punktestand abgelesen wird. Am Ende eines jeden Spieles gibt es eine Wertung – und ich mag Wertungen!

Aber Pascal hatte Recht: Viele von uns ziehen die Jagd der Gefangennahme vor. Wir finden größere Befriedigung in der Faszination der Jagd als bei ihrer erfolgreichen Beendigung. Wir vergraben uns in der Aktivität des Alltags und nehmen uns nur selten die Zeit, das Wunder und die Stille der Einsamkeit zu erleben, in der die leise Stimme Gottes am ehesten hörbar ist.

»Wenn ich Arzt wäre und um Rat gefragt würde«, sagte der Theologe und Philosoph Sören Kierkegaard einmal, »würde ich erwidern: Schafft euch Stille.«

Halbzeit, also die Pause zwischen den beiden Spielhälften, kann man schlecht an einem Ort machen, an dem es laut und hektisch zugeht.

Die erste Spielhälfte unseres Lebens ist gewöhnlich laut, geschäftig, meistens immer auch hektisch. Nicht, dass Sie nicht auf diese leise Stimme hören wollten. Sie scheinen nur nie die Zeit dazu zu haben. Versuchen Sie, Ihren Tagesablauf der vergangenen zwei Wochen zu rekonstruieren. Es ist gut möglich, dass Sie nicht einmal in der Lage sind, sich daran zu erinnern, was Sie gestern getan haben, geschweige denn vor zwei Wochen. Wenn Sie Ihren Terminkalender hervorholen, werden Sie jedoch feststellen, warum das so ist – Sie hatten einfach so viel zu tun, dass es unmöglich ist, sich an alles zu erinnern.

Waren alle diese Aktivitäten wichtig? Waren es Dinge, für die Sie (im Extremfall natürlich) sterben würden? Freuen Sie sich, sie öfter zu tun? Die Erwartung, dass die Arbeit mehr bringt als am Ende des Monats ein Gehalt, dass sie viel mehr dem Leben Sinn verleihen sollte, hat bei vielen amerikanischen Arbeitern eine tiefgreifende Midlifecrisis ausgelöst. Millionen von Menschen beginnen das vierzigste Lebensjahr nicht mit dem Gefühl, den Höhepunkt ihrer Karriere erreicht zu haben. Sie fühlen sich eher gefangen. Gefangen in einem Job, der ihnen nur selten die erwartete Herausforderung bietet. Gefangen in Beziehungen, die stagnieren und häufig sogar zerstörerisch sind. Gefangen durch die Konsequenzen von Entscheidungen, die früher getroffen wurden.

An der *Harvard Business School* gibt es einen interessanten Workshop, der sich »Lebensphase der Möglichkeiten« nennt und auf Menschen mittleren Alters zugeschnitten ist. Der Zweck dieses Workshops ist es, den Teilnehmern zu helfen, »dass ihre nächste Berufsphase für sie erfüllend und sinnvoll verläuft. Dieser Kurs hilft den Teilnehmern, ihre berufliche

Entwicklung zu überdenken und zukünftige Entscheidungen im Licht persönlicher Bedürfnisse und Neigungen zu treffen«. Ich erwähne dies nicht, um Werbung für diesen Workshop zu machen, sondern um zu zeigen, wie weit verbreitet dieses Bedürfnis in unserer Gesellschaft ist. Wenn die kinderreichen Jahrgänge die Vierzig erreichen, wird es immer mehr Menschen geben, die in die zweite Lebenshälfte eintreten.

Es ist nichts Ungewöhnliches, dass viele Menschen in diesem Alter das Gefühl haben, eine Veränderung sei angebracht. Die meisten machen den Fehler, diese Stimme in ihrem Innern zu ignorieren, die ihnen sagen will, sie sollten innehalten und zuhören. Es gibt viele Arten, sie zu ignorieren. Einige übergehen dieses Gefühl einfach, reden sich ein, sie brauchten mehr Disziplin, ein klareres Ziel. Einige suchen Ablenkung, gesunde und ungesunde. Die meisten jedoch, davon bin ich überzeugt, geraten in einen fast schlafwandlerischen Zustand und zwingen sich, bis zur Pensionierung durchzuhalten. Keiner dieser Ansätze wird dazu beitragen, Ihre zweite Lebenshälfte besser zu gestalten als die erste und tatsächlich wird sie wahrscheinlich sogar schlimmer werden.

Falls Sie eine leise Stimme hören, die über dieses Thema zu Ihnen spricht, ist es Zeit, sich in Ihr Zimmer einzuschließen, durchzuatmen und sich auf die zweite Spielhälfte vorzubereiten – auf eine bessere Spielhälfte als die erste. Für einen Fußballtrainer und seine Mannschaft ist dies die Zeit, Bestandsaufnahme zu machen, zurückzusehen auf das, was erreicht wurde. Was hat funktioniert, was nicht? Bei Spielen, die nicht gut laufen, werden Techniken entweder angepasst oder fallen gelassen. Neue Strategien werden aufgestellt und eingeführt. Sehr oft ist eine gute zweite Spielhälfte von dem abhängig, was in der Pause getan wurde.

Wenn Sie Bestandsaufnahme machen, stellen Sie sich bitte Fragen wie diese: Was mache ich wirklich gern? Wo liegen meine Interessen? Wo gehöre ich hin? Was glaube ich? Was werde ich mit dem tun, was ich glaube? Oder, wie Peter Drucker den Menschen immer rät, die nach ihrer Lebensaufgabe suchen: Welches sind meine Werte, meine Ziele, meine Richtungen und was muss ich tun, lernen, verändern, um mich selbst in die Lage zu versetzen, meinen Ansprüchen an mich selbst und meinen Erwartungen an das Leben gerecht zu werden?

Zwar kann ich Ihnen nicht genau sagen, wie Sie diese Fragen beantworten sollen, allerdings kann ich versuchen, Ihnen in Form von allgemeinen Konzepten zu vermitteln, was bei mir funktioniert hat und was mich darauf vorbereitet hat, wieder aufs Spielfeld zurückzukehren.

Schließen Sie Frieden. Viel zu viele Menschen treten in die zweite Hälfte ihres Lebens ein mit einem tief sitzenden Gefühl des Bedauerns, wenn sie an ihre »erste Hälfte« denken. (»Ich hätte mehr Zeit mit meiner Familie verbringen sollen.«, »Ich hätte bessere Beziehungen entwickeln sollen.«, »Ich hätte ...«) Mit Gedanken, die alle mit »hätte ich doch« anfangen, lässt sich nur schwer leben. Solche Gedanken verfolgen Sie und berauben Sie Ihrer Kraft und Motivation, weiterzumachen und sich Besserem zuzuwenden. Darum müssen Sie in der Halbzeit unbedingt Frieden mit Ihrer ersten Lebenshälfte schließen.

Das bedeutet nicht, dass Sie auf alles stolz sein müssen, was Sie getan haben, oder dass Sie in Ihrem Leben nichts ändern würden, wenn Sie könnten. Jeder ehrliche Blick zurück wird Ihnen vieles in Erinnerung bringen, von dem Sie wünschten, Sie hätten es anders gemacht. Wichtig ist, diese Dinge im Blick zu behalten und sie als einen notwendigen Bestandteil Ihres Wachstums zu akzeptieren.

Da Sie Fehler nicht ungeschehen machen können, haben Sie wirklich nur zwei Möglichkeiten: Sie können bei diesen Fehlern stehen bleiben und unter den Auswirkungen, die sie vielleicht auf Ihre Familie und Ihre Arbeit gehabt haben, leiden. Oder Sie können sich damit abfinden, daraus wichtige Lehren für die zweite Lebenshälfte ziehen und weitergehen.

Nehmen Sie sich Zeit. Der größte Fehler, den die meisten von uns in der ersten Lebenshälfte machen, ist der, dass wir uns nicht genügend Zeit für die Dinge nehmen, die wirklich wichtig sind. Wiederholen Sie diesen Fehler bitte nicht in Ihrer zweiten Lebenshälfte. Natürlich erfordert dies ein gewisses Maß an Disziplin und Zeitmanagement und zunächst werden Ihnen solche ruhigen Zeiten auch nur als ein weiterer Termin in Ihrem Kalender erscheinen. Aber Sie selbst sind zur Halbzeit in die Kabine gegangen. Es ist Ihnen also ernst damit, durchgreifende Veränderungen in Ihrem Leben vorzunehmen.

Für mich ist es wichtig geworden, mich für eine bestimmte Zeit aus der Betriebsamkeit zurückzuziehen, um nachzudenken. Ja, es ist ein Merkmal meiner zweiten Lebenshälfte geworden. Ich nehme mir fast jedes Wochenende Zeit, um »zur Besinnung« zu kommen. Ein paar Stunden ungestörten Lesens und Nachdenkens sind die Quelle, aus der ich Kraft für die Aktivitäten der folgenden Woche schöpfe. Ich denke, das sieht für jeden anders aus: Der eine steht früh auf und verbringt die ruhige Zeit vor dem Tag mit Gott. Ein anderer zieht sich vielleicht an den Wochenenden in eine kleine, ruhige Ferienwohnung zurück (ohne Telefon und Fernsehen ...).

Sie haben ungefähr zwanzig Erwachsenenjahre gebraucht, um die Halbzeit zu erreichen. Sie können nicht erwarten, in nur wenigen Stunden die Probleme, die Sie aus der ersten Spielhälfte mitgebracht haben, zu lösen und dann auch noch die zweite Spielhälfte zu planen. Für die meisten Leute erstreckt sich die »Halbzeitpause« über mehrere Monate, ja manchmal sogar über Jahre hinweg. Aber Sie werden niemals zu einem Ergebnis kommen, wenn Sie sich nicht die Zeit nehmen, die Sie fraglos dafür brauchen.

Handeln Sie besonnen. Halbzeit ist mehr, als nur die Füße hochzulegen und ins Blaue hinein zu denken. Eine erfolgreiche Halbzeit erfordert eine Struktur. Stellen Sie einen Zeitplan auf, der Ihnen hilft, die wichtigen Themen »durchzugehen«. Ein solcher Plan wird sicherlich Zeit für Gebet und Stille vorsehen, Zeit für die Bibel und fürs Nachdenken. Aber er sollte auch ganz bestimmte Fragen enthalten. Die folgende Liste könnte Ihnen helfen, einen auf Sie zugeschnittenen Fragenkatalog zu erstellen:

- Verpasse ich im Augenblick in meinem Leben etwas, das mir wichtig ist?
- Wo liegt meine Leidenschaft?
- Wer bin ich?
- Was ist mir wichtig?
- Was möchte ich in zehn Jahren tun? In zwanzig?
- Welche Gaben hat Gott mir gegeben, die im Laufe der Zeit perfektioniert worden sind?
- Welche Gaben hat Gott mir gegeben, die ich nicht einsetzen kann?
- Wofür wäre ich bereit zu sterben?
- Gibt es etwas an meiner Arbeit, das mir das Gefühl des Gefangenseins vermittelt?
- Welche realistischen Veränderungen kann ich bei meiner Arbeit vornehmen?
- Wäre ich bereit, einen weniger anstrengenden Job (mit einem entsprechend geringeren Gehalt) anzunehmen, um glücklicher zu sein – um etwas zu tun, das meinem Wesen entspricht?
- Welche Schritte muss ich morgen unternehmen, um eine zweite Lebenshälfte zu erleben, die besser ist als meine erste?

Es bietet sich an, Ihre Antworten in ein Notizbuch oder ein Tagebuch zu schreiben. Mittlerweile ist es mir zur Gewohnheit geworden, täglich Notizen über meine geistliche Reise zu machen. Ich begreife immer mehr, dass ich bei all meiner Suche eine »Geschichte« habe, in der ich oft die Handschrift Gottes erkennen darf. Falls Ihnen dies ein wenig hoch gegriffen vorkommt, so kann das daran liegen, dass Sie vor lauter Betriebsamkeit eine solche Entdeckung noch nicht machen konnten. Was für Sie am wichtigsten werden kann, wartet in Ihnen noch auf Ihr Entdecken. Schreiben Sie auf, was Ihnen wichtig wurde, als Sie sich mit diesen Fragen beschäftigten. Es wird mit Sicherheit mehr dabei herauskommen als ein Katalog trockener Antworten!

Teilen Sie sich mit. Ich kann mir nicht vorstellen, wie ich den Übergang von der ersten Hälfte in die zweite geschafft hätte, wenn meine Frau mich auf dieser Reise nicht begleitet hätte. Linda war bei mir, als ich gezwungen war, entweder das Dollarzeichen oder ein Kreuz als Zeichen dafür in die Waagschale zu legen, was mir im Leben am wichtigsten war. Sie zuckte nicht zusammen, als ich das Kreuz wählte, aber sie blieb auch kein schweigsames Gegenüber. Sie stellte Fragen, machte Vorschläge, half mir, ehrlich zu bleiben. Wenn Ihre Ehe eine echte Partnerschaft ist (was sie sein sollte), wäre es grundfalsch, Ihrer Partnerin einen neuen Lebensstil aufzudrängen, ohne vorher mit ihr eingehend darüber gesprochen zu haben.

Seien Sie ehrlich. Einige Leute machen den Fehler, die Halbzeitpause zu Fantastereien zu nutzen. Sehnsüchtig projizieren sie Bilder von unrealistischen Situationen, die niemals eintreten werden. Sich auf die zweite Hälfte vorzubereiten, hat nichts mit Träumen zu tun. Sie müssen sich den schwierigen Fragen zu den Finanzen, anderen Familienmitgliedern, Langzeitzielen und so weiter ehrlich stellen. Und wenn Sie die schwierigen Fragen stellen, betrügen Sie sich nicht selbst bei den Antworten. Um die zweite Spielhälfte besser als die erste zu gestalten, müssen Sie Ihr wahres Ich erkennen. Während der meisten Zeit der ersten Spielhälfte mussten Sie jemand anderer sein. Das war kein doppeltes Spiel, sondern für die meisten von uns, die wir auf der Erfolgsleiter hoch gestiegen sind, eine gewisse Notwendigkeit. Ihr Ich der zweiten Hälfte sollte Ihr wahres Ich sein, also seien Sie ehrlich genug, es zu entdecken.

Haben Sie Geduld. Sie haben fast zwei Jahrzehnte benötigt, um diesen Punkt zu erreichen. Sie können nicht alles über Nacht löschen, zurückspulen und neu aufnehmen. Sie werden morgen zur Arbeit gehen müssen. Auch weiterhin werden Rechnungen mit der Post kommen. Klienten werden erwarten, dass ihre Anfragen beantwortet werden. Und ein klares Bild dessen, was Sie mit dem Rest Ihres Lebens anfangen wollen, steht Ihnen nur in den seltensten Fällen über Nacht vor Augen – bei vielen zeigt es sich gar nicht.

Haben Sie Glauben. Für Christen ist die Halbzeit im Grunde genommen eine Zeit, die Frage zu beantworten: »Wie will ich meinen Glauben in die Tat umsetzen?« Beginnen Sie, diese Frage zu beantworten, indem Sie Ihren Glauben wirksam werden lassen, aber vertrauen Sie dabei auf Gottes Führung. Hören Sie auf seine Stimme, die sowohl durch die Bibel zu Ihnen spricht wie auch durch Gedanken, die er Ihnen schenkt, wenn Sie mit ihm sprechen. Jemandem, der es gewöhnt ist, mit Beratern, Vorgesetzten, Untergebenen zu sprechen, wird dies vielleicht schwer fallen. Hören Sie zu und vertrauen Sie.

»Training« in der Halbzeit

Es kann für Ihre Bestandsaufnahme der ersten Spielhälfte hilfreich sein, wenn Sie sich die folgenden Fragen durchlesen. Seien Sie ehrlich und notieren Sie sich bitte Ihre Antworten.

1. Wodurch möchte ich anderen in Erinnerung bleiben? Wie sähe mein Leben aus, wenn es so wäre, wie ich es mir im Idealfall vorstelle?
2. Wie sieht die finanzielle Seite aus? Wie viel Geld ist genug? Wenn ich mehr als genug habe, was mache ich mit dem Überschuss? Wenn ich weniger als genug habe, wie möchte ich das korrigieren?
3. Wie empfinde ich meine berufliche Karriere? Möchte ich diese Arbeit auch noch in zehn Jahren tun?
4. Führe ich ein ausgeglichenes Leben? Welche wichtigen Elemente in meinem Leben verdienen mehr Aufmerksamkeit?

5. Was steht in meinem Leben an erster Stelle?
6. Wo finde ich Inspiration, Mentoren und Vorbilder für meine zweite Lebenshälfte?
7. Zwei wichtige Bedürfnisse sind Selbstverwirklichung und Gemeinschaft. Wie sieht es bei mir in dieser Hinsicht aus? Wie viele Punkte (Skala von 1 [ganz schlecht] – 10 [ausgezeichnet]) würde ich diesen Bereichen geben?
8. Ich lasse mein Leben an mir vorüberziehen und versuche, die verschiedenen »Aufs« und »Abs« in drei Kurven darzustellen: eine für mein persönliches Leben, eine für mein Familienleben und eine für mein Arbeitsleben. Wo überschneiden sie sich? Wo gehen sie auseinander?
9. Welche der folgenden Übergangsmöglichkeiten scheint am ehesten meinem Temperament und meinen Gaben zu entsprechen? (Jede Möglichkeit bewerte ich von 1-10.)
   a) Mit dem weitermachen, was ich gerade tue, aber die Umgebung ändern.
   b) Das Risiko eingehen und die Arbeitsstelle wechseln, aber in derselben Umgebung bleiben.
   c) Eine Nebenbeschäftigung zu einem neuen Beruf machen.
   d) Zweigleisig (oder sogar dreigleisig) in parallelen Berufen arbeiten (nicht Hobbys).
   e) Mit dem weitermachen, was ich gerade tue, bis ich pensioniert werde.
10. Was möchte ich für meinen Ehepartner?
11. Was möchte ich für meine Kinder?
12. Was möchte ich für meine Kirche bzw. Gemeinde?

Der Zweck der Halbzeit ist es, Bestandsaufnahme zu machen, zuzuhören und zu lernen. Sie ist wie der Schrei des Psalmisten, der im Herzen all jener widerhallt, die von der ersten Spielhälfte müde geworden sind:

»Erforsche mich, Gott, und erkenne mein Herz, prüfe mich, und erkenne mein Denken! Sieh her, ob ich auf dem Weg bin, der dich kränkt, und leite mich auf dem altbewährten Weg!« (Ps 139,23-24)

Kapitel 8

Was glauben Sie?

Für meinen Teil muss ich gestehen, dass ich mich nicht daran erinnern kann, jemals *nicht* an Gott geglaubt zu haben und dies tun meines Wissens (solide untermauert durch eine ganze Reihe von Meinungsumfragen) auch die meisten Amerikaner nicht. Doch aus irgendeinem Grund scheinen viele von uns irgendwo zwischen Unglauben einerseits und dem stillen Vertrauen, das aus dem Wissen um Gott kommt, andererseits stecken geblieben zu sein. Warum ist das so? Warum habe ich in meinem bisherigen Leben so viel Zeit mit dem Versuch zugebracht, festzumachen, wer Gott wirklich ist?

In bestimmtem Umfang ist die Auseinandersetzung mit dem Glauben eine gute Sache. Einerseits gibt es einen einfachen, unkomplizierten Zugang zu Gott, andererseits ergeben sich bei »näherem Hinsehen« eine Fülle von Fragen. So ist z. B. die Idee eines allwissenden, allmächtigen und persönlichen Gottes für manche nur sehr schwer zu erfassen. Ich bin davon überzeugt, dass Glaubensschwierigkeiten auch eng mit dem zusammenhängen, wer oder was wir während der ersten Lebenshälfte sind. In unserer besten »Eroberungsart« versuchen wir vielleicht unbewusst, Gott auf die Liste unserer Errungenschaften zu setzen, so wie wir dem großen Geschäft nachjagen oder Erfolg an der Größe unseres Einkommens messen. Wir studieren, analysieren, zerlegen und ergründen, bis wir mit großer Sicherheit und nicht geringem Stolz sagen können, dass wir uns Gott »angeeignet« haben.

An diesem Punkt können wir von unserer Gemeinde nicht allzu viel Hilfe erwarten. Wenn wir ehrlich sind, dann ist die

Verkündigung in den Kirchen doch meistens so ausgerichtet, als würde sie Leute angehen, die letzlich noch gar nicht glauben. Sie sitzen zwar in den Kirchenbänken und sie legen ihr Opfer in den Klingelbeutel, aber nur selten wird vorausgesetzt, dass da Menschen sitzen, die wirklich glauben. Ich bin jedoch davon überzeugt, dass die meisten der achtzig Millionen Amerikaner, die jeden Sonntag in die Kirche gehen, dies tun, weil sie an Gott glauben. Sie sind keine Atheisten oder »Heiden«. Sie sind Menschen, die Gott suchen, wenn nicht sogar fürchten, die im Gegensatz zu ihrer säkularen Umgebung an einem freien Tag früh aufstehen, eine Krawatte umbinden oder ein Kleid anziehen und zur Kirche gehen. Und die meisten von ihnen sitzen eine Stunde lang oder länger und hören dem Pastor zu, der ihnen Dinge sagt, die sie bereits glauben.

Zu Recht beschleicht da manche das Gefühl, dass es so eigentlich nicht ewig weitergehen kann. Jeder von uns kann bei seinem Versuch, Gott zu verstehen, nur eine bestimmte Anzahl an Predigten hören, eine bestimmte Anzahl an Bibelstunden besuchen und eine bestimmte Zeit damit verbringen, sein Inneres zu erforschen. Irgendwann stellt sich hier die Frage: Und was mache ich jetzt mit meinem ganzen Wissen über Gott?

Die Halbzeit scheint mir die beste Gelegenheit dafür zu sein, von all den Bemühungen, Gott zu *verstehen*, dahin zu kommen, ihn persönlich *kennen* zu lernen. Jetzt gilt es, demütig die Tatsache zu akzeptieren, dass wir ihn niemals auch nur annähernd verstehen werden. Wir müssen im Glauben annehmen, dass er uns kennt und liebt.

Jim Russell ist ein Geschäftsmann aus Michigan und befindet sich ganz eindeutig in seiner zweiten Lebenshälfte. Nachdem er ein Geschäft gegründet und es zu einem erfolgreichen Unternehmen ausgeweitet hat, widmet er nun den größten Teil seiner Zeit und Energie dem Dienst für Gott. Um mehr Christen dazu zu bringen, ihren Glauben an Gott in die Tat umzusetzen, hat Jim den *Amy Awards*-Schriftstellerwettbewerb ins Leben gerufen: Geldpreise (10 000 Dollar für den ersten Platz) gehen an die Journalisten, die in ihren Artikeln die Bibel zitieren und christliche Lehre in säkularen Zeitungen oder Zeitschriften verbreiten.

Jims Ziel ist es, Christen Mut zu machen, aus ihrem Versteck herauszukommen und ihren rechtmäßigen Platz in einer lebendigen Kultur einzunehmen. Seine Theorie ist, dass der »Verkündigungssieg« bereits errungen ist, das heißt, dass die große Mehrheit der Amerikaner das Evangelium bereits gehört und positiv darauf geantwortet hat. Die Menschen wissen nur nicht, was sie mit ihrem Glauben anfangen sollen. Und seiner Meinung nach könnten die Christen, wenn sie erst einmal gelernt haben, ihren Glauben in die Tat umzusetzen, die ganze Nation umgestalten. Ziemlich radikale Ansichten eines konservativen Geschäftsmannes, aber man sollte darüber nachdenken.

Manchmal denke ich, dass die zentrale, »lebensrettende« Wahrheit des Christentums oft unnötig kompliziert gemacht wird. Letztlich geht es nur um eines: Setz dein ganzes Vertrauen auf Jesus Christus, bring ihm deine Schuld und du wirst für Zeit und Ewigkeit mit ihm verbunden sein. Dieses einmalige Geschehen bedeutet nicht notwendigerweise, dass die Zugehörigkeit zu einer bestimmten Gemeinde, ein gründliches theologisches Spezialwissen, die »richtige« Position in der Auseinandersetzung, welche Kirche und welche Gemeinde nun »Recht« habe, Ausdruck dieser von Gott angebotenen Beziehung sein muss. Diese Dinge sind zweifellos wichtig, aber es ist vielleicht an der Zeit, sich zu fragen, ob man sich möglicherweise zu viele Gedanken darüber macht. Stellen Sie sich die folgenden Fragen: Möchte ich das, was ich gerade tue, für den Rest meines Lebens tun? Geht es bei dem Glauben an Christus wirklich um diese Dinge?

Laut dem Wort Gottes ist das Christwerden ein Akt der Annahme und des Glaubens. Wenn Sie Jesus als Sohn Gottes annehmen und glauben, dass er allein Sie von Ihrer Schuld befreien kann, stehen Sie am ersten Schlagmal. Sie brauchen sich nicht mit dem Glaubenssystem bis in alle Einzelheiten auseinander zu setzen; das ist zu diesem Zeitpunkt bereits geschehen.

Glauben Sie? Und glauben Sie so einfach, mit einem solchen kindlichen Glauben, dass Sie bereit sind, Gott die erste Priorität in Ihrem Leben einzuräumen? Sind Sie bereit, die zweite Spielhälfte Ihres Lebens zu beginnen, indem Sie den Glauben in die Tat umsetzen?

Als ich zu Mike Kami ging, war ich davon überzeugt, Christ zu sein. Immerhin hatte ich das Geschenk des Glaubens schon sehr früh erhalten. Aber wie bei vielen anderen Mitstreitern in der ersten Spielhälfte war mein Glaube eine sehr persönliche Angelegenheit – etwas, das ich nicht so leicht mit anderen teilte. Dieser kluge Atheist zwang mich, die Frage des Glaubens auf eine sehr dramatische und lebensverändernde Weise zu klären, indem er mich aufforderte, herauszufinden, was mir wirklich wichtig war.

Einer meiner Freunde ist ein brillanter Geschäftsmann – einer, von dem viele sagen würden, er hat es »geschafft«. Er hat auf eine einfache Idee hin ein Verlagsimperium aufgebaut und dabei sehr großen Erfolg gehabt. Außerdem hat er eine liebenswerte Frau und eine Bilderbuchfamilie. Er ist auch aktives Gemeindemitglied. Mit kaum vierzig Jahren könnte er sich morgen aus dem Geschäftsleben zurückziehen und für den Rest seines Lebens die Früchte seines Erfolgs genießen. Stattdessen steht er vor den Trümmern seiner Ehe. Er muss damit rechnen, dass seine Frau ihn verlässt. Ich kenne die Situation gut genug, um zu sagen, dass es keinen anderen Mann in ihrem Leben gibt und dass auch er ihr treu gewesen ist. Ich glaube auch, dass sie einander sehr lieben. Aber sie sind dabei, sich in die Reihe der unzähligen Familientragödien einzureihen, weil er sich nicht überwinden kann, Prioritäten zu setzen. In der für die erste Lebenshälfte typischen Art möchte er alles haben und bei dem Versuch, alle Bälle in der Luft zu behalten, zerstört er sich und seine Familie.

Die Waagschale kann nur eine bestimmte Zeit leer bleiben. Wenn Sie sich nicht für eine Sache entscheiden können, die in diese Schale gehört, wird die Trägheit für Sie entscheiden. Falls mein Freund nicht selbst eine bewusste Entscheidung trifft, wird sich sein Geschäft den Weg in die Waagschale erzwingen. Ich schätze, dass der Grund für die meisten Scheidungen innerhalb der Gemeinde der ist, dass die Betreffenden sich ihre Prioritäten von außen setzen lassen – die Lebensumstände und nicht sie selber sollen die Frage klären, welche Auswirkungen der Glaube auf ihr Leben haben soll.

Erkennen Sie, warum es so wichtig ist, Klarheit über diese Frage zu gewinnen? In der ersten Lebenshälfte sind Sie vielleicht durch zu viele Dinge von der wichtigsten Frage Ihres Lebens abgelenkt worden. Sie befinden sich in der Halbzeitpause, weil Sie nicht länger weitermachen wollen, ohne die Antwort gefunden zu haben. Die leise Stimme hat endlich Ihre Aufmerksamkeit errungen und Sie wissen, dass Sie nicht aufs Spielfeld zurückkehren können, ohne auf sie zu reagieren.

Was sind Ihre Prioritäten? Diese Frage müssen Sie beantworten, wenn Sie wollen, dass Ihre zweite Lebenshälfte anders – und besser – wird als die erste Hälfte Ihres Lebens.

Kapitel 9

Entdecken Sie, was Ihnen wirklich wichtig ist

Nachfolgend eine Szene aus dem Wilden Westen, wie sie Hollywood schildert. Sie stammt aus dem Film *City Slickers* mit Billy Crystal und Jack Palance und ist meiner Meinung nach die zentrale Stelle dieses Filmes.

Zunächst möchte ich jedoch kurz den Zusammenhang erläutern. Palance und Crystal reiten langsam über die Prärie und sprechen über das Leben und die Liebe. Palance spielt einen gerissenen Cowboy namens Curly, Crystal ein *Greenhorn* aus Los Angeles, das einen zweiwöchigen Aufenthalt auf einer Ferienranch gebucht hat. Natürlich bekommt er mehr als das, wofür er bezahlt hat, und dabei erfährt Crystal etwas Wichtiges in Bezug auf sich selbst.

Lesen Sie sich die leicht abgeänderte Unterhaltung der beiden bitte genau durch:

Crystal	… und die zweite ist vorbei. Sie wird wieder in ihr Raumschiff steigen und für ewig davonfliegen. Würdest du es tun?
Palance	Ist sie rothaarig?
Crystal	Könnte sein.
Palance	Ich mag Rothaarige.
Crystal	Bist du je verheiratet gewesen?
Palance	Nö.
Crystal	Verliebt?

Palance Einmal. Ich habe eine Herde durch Texas getrieben. Bin bei Sonnenuntergang an einer schmutzigen kleinen Farm vorbeigekommen. Draußen auf dem Feld arbeitete eine junge Frau. In diesem Augenblick stand sie auf und streckte sich. Sie trug ein Baumwollkleid und die untergehende Sonne befand sich genau hinter ihr, so dass ihr Körper zu sehen war, den Gott ihr gegeben hat.

Crystal Was ist passiert?

Palance Ich habe umgedreht und bin davongeritten.

Crystal Warum?

Palance Dachte, so würde es auch nicht besser werden.

Crystal Ja, aber du hättest doch, du weißt schon, mit ihr …

Palance Ich habe mit vielen Frauen.

Crystal Ja, aber du weißt schon, sie hätte doch die Liebe deines Lebens sein können.

Palance Sie ist es.

Crystal Das ist großartig. Das ist … nicht großartig. Nein, das ist falsch, Curly. Du hast etwas verpasst, das vielleicht wundervoll geworden wäre.

Palance Meine Entscheidung.

Crystal Ich hätte das nie tun können.

Palance Das ist deine Entscheidung. Ein Cowboy führt ein anderes Leben. Als es noch Cowboys gab. Sie sterben langsam aus. Trotzdem bedeutet es mir noch etwas. In ein paar Tagen werden wir diese Herde über den Fluss treiben und durch das Tal führen. Ahhh *(Lacht leise.)*, es gibt nichts Schöneres, als eine Herde zu treiben.

Crystal Siehst du, das ist großartig. Dein Leben hat für dich einen Sinn.

Palance *(Lacht.)*

Crystal	Was ist? Was ist daran so lustig?
Palance	Ihr Stadtleute. Ihr macht euch so viele Gedanken über S…, nicht?
Crystal	S…? Meine Frau hat mir klar gemacht, dass sie mich nicht in ihrer Nähe haben möchte.
Palance	Ist sie rothaarig?
Crystal	Ich will damit sagen …
Palance	Wie alt bist du? Achtunddreißig?
Crystal	Neununddreißig.
Palance	Ja. Ihr kommt alle in etwa demselben Alter hier heraus. Mit denselben Problemen. Ihr verbringt fünfzig Wochen im Jahr damit, Knoten in euer Seil zu machen – und dann denkt ihr, die zwei Wochen hier würden diese Knoten wieder lösen. Keiner von euch begreift es. *(Lange Pause.)* Kennst du das Geheimnis des Lebens?
Crystal	Nein, welches ist es?
Palance	Das hier. *(Er hält seinen Zeigefinger in die Höhe.)*
Crystal	Dein Finger?
Palance	Eins. Nur eine Sache. Wenn du dich daran hältst, wird alles andere nicht S… sein.
Crystal	Das ist großartig, aber welches ist diese eine Sache?
Palance	Das musst du selbst herausfinden.

Als ich diese Szene zum ersten Mal sah, erkannte ich sofort, dass sie ein Gleichnis für eine tief greifende Erkenntnis war. Mit besonderem Nachdruck spricht sie zu den Menschen, die nach dem Ende des Zweiten Weltkrieges geboren wurden, und es liegt sehr viel Weisheit darin. Jack Palance, der wettergegerbte, runzelige alte Philosoph mit seinem tief in die Stirn gezogenen *Stetson* und einer Zigarette zwischen den Lippen spricht wenige und weise Worte, die auf Sie und mich zutreffen. Es sind keine wohlformulierten Worte, aber sie übermitteln eine durchschlagende Botschaft.

Es ist ein Gefühl, das einem Spruch von Eric Hoffer, dem amerikanischen Hafenarbeiter und Philosoph, sehr nah kommt. Sehr scharf beobachtete er,

> »... *das Gefühl des Gehetztwerdens ist in der Regel nicht die Folge eines erfüllten Lebens und Zeitmangels. Im Gegenteil, es entsteht aus einer vagen Furcht, dass wir unser Leben vergeuden. Wenn wir nicht das Eine tun, das wir tun sollten, haben wir keine Zeit für irgendetwas anderes – wir sind die beschäftigtsten Leute der Welt.*«

In der ersten Hälfte Ihres Lebens haben Sie vielleicht häufig das Gefühl gehabt, Sie gehörten zu den beschäftigtsten Menschen der Welt. Der Schlüssel zum Erfolg in der zweiten Lebenshälfte besteht darin, Ihre »eine Sache« zu erkennen und dabei, wie die Bibel es nennt, den »Zustand der Freude« oder des »Gesegnetseins« zu erfahren.

Die meisten Leute erkennen ihre »eine Sache« nie. Aber was uns gegen Ende der ersten Lebenshälfte so unruhig macht, ist die Tatsache, dass wir wissen, sie ist irgendwo. Wie die Figur, die Billy Crystal spielte, sehnen wir uns danach, sie zu finden, aber wir wissen nicht so genau, wo wir suchen sollen. Viel zu oft versuchen wir die Leere mit Dingen zu füllen, die nur zeitweilige Befriedigung bieten:

- Geld verdienen und ausgeben;
- Projekte und Wettkampf (gewinnen);
- Beziehungen.

Larry Crabb, der Autor des Buches »Von innen nach außen«,[1] bezeichnet diese Sehnsucht als den Wunsch, eine »Leere in uns zu füllen [...], die tiefste Sehnsucht unserer Seele.« Als sich der erste Erfolg in Ihrer beruflichen Laufbahn einstellte, haben Sie diese Sehnsucht durch Anhäufen von materiellen

Dingen und Gewinnen befriedigt – Sie wissen ja, in der ersten Lebenshälfte geht es ums Jagen und Sammeln. Der Beweis dafür liegt auf Ihrem Dachboden, in Ihrer Garage und in Ihren Schränken! Denken Sie auch einmal darüber nach, wie viel Zeit Sie der Erholung, dem Vergnügen und sozialen Aktivitäten widmen oder gewidmet haben.

Sind alle diese Aktivitäten schlecht? Natürlich nicht, aber sie werden diese Sehnsucht, das »Eine« zu finden, nie befriedigen können. Wenn Sie es erst einmal gefunden haben, wird es Sie in die Lage versetzen, ein anderes Leben zu führen.

Gott hat das »Eine« wie eine Computer-Software in Ihr Leben einprogrammiert. Paulus schreibt in seinem Brief an die Gemeinde in Ephesus: »Seine Geschöpfe sind wir, in Christus Jesus dazu geschaffen, in unserem Leben die guten Werke zu tun, die Gott für uns im voraus bereitet hat« (Eph 2,10). Ihr »Eines« ist ein ganz wesentlicher Teil von Ihnen, Ihre geistliche Dimension. Es ist das Entdecken Ihrer wahren Persönlichkeit, nicht die Annahme dessen, was ein anderer Mensch über Sie denkt oder von Ihnen erwartet.

Wenn Sie herausfinden, wo Ihre Prioritäten liegen, werden Sie die Frage, wer oder was die Grundlage Ihres Lebens sein soll, klären können. Damit wird auch die Glaubensfrage geklärt werden. Aber es reicht nicht aus, nur herauszufinden, was in der Waagschale liegt – Sie müssen auch wissen, wer sie hält; wer Sie als einzigartiges Individuum sind, das von Gott zu einem ganz bestimmten Zweck geschaffen worden ist. Was ist Ihr Lebenssinn? Was treibt Sie an? Was können Sie so gut, dass Sie es auch ohne Bezahlung gern tun? Was ist Ihre Leidenschaft, der Funke, der nur einen kleinen Luftzug braucht, um hell aufzuflackern?

Solche Fragen stellen wir uns während unserer ersten Lebenshälfte meist nicht, weil wir zu beschäftigt damit sind, das zu tun, was *wir* für richtig halten. Wenn Sie allmählich den Eindruck gewinnen, dass das »Richtige« nicht das »Eine« ist, dann haben Sie die letzten Sekunden Ihrer ersten Spielhälfte erreicht. Das meint Peter Drucker, wenn er zwischen »Effizienz« und »Effektivität« unterscheidet. Effizienz ist, laut Drucker, eine Sache *richtig zu machen.* Effektivität ist, die *richtigen Dinge* zu tun.

Ich würde Ihnen gerne mehr Hilfe anbieten, als es Jack Palance für Billy Crystal getan hat, aber Ihr »Eines« zu finden, ist wirklich Ihre Aufgabe. Ich kann Ihnen nur versichern, dass Sie wahrscheinlich keine dauerhafte Zufriedenheit finden werden, wenn Sie von Geschäftsterminen zu Gemeindeveranstaltungen, vom Fußballspiel Ihres Sohnes zum Abendessen mit Freunden und danach ins Bett hetzen. Wenn Sie sich nicht die Zeit und Einsamkeit vor Gott nehmen, die Sie brauchen, um Ihr »Eines« zu finden, sind Sie letztlich auch nicht bereit, es zu finden.

Kapitel 10

Vom Erfolg zur Sinnerfüllung

»Es gibt im Leben zwei Quellen des Unglücklichseins: die eine, nicht zu bekommen, was das Herz wünscht, die andere, es zu bekommen.«

George Bernard Shaw

Warum verlässt Michael Jordan eine Nationalmannschaft, in der er der herausragende Spieler ist, und gibt sich mit einer weniger guten Mannschaft in einer anderen Sportart zufrieden?

Warum nimmt John Malone eine fünfzigprozentige Gehaltseinbuße in Kauf, um einem Kabelfernsehsender mit dreißig Millionen Dollar Schulden wieder auf die Beine zu helfen?

Und warum lesen Sie sich die Stellenangebote durch auf der Suche nach einer neuen Stellung, warum träumen Sie vom Besitz eines kleinen Restaurants oder denken über einen kurzzeitigen Missionseinsatz nach?

Menschen, die am Ende der ersten Lebenshälfte angekommen sind, empfinden häufig einen unausgesprochenen Wunsch, nicht nur Erfolg zu haben, sondern ein sinnerfülltes Leben zu führen. Nachdem wir in der ersten Hälfte oftmals ausschließlich getan haben, was von uns erwartet wurde und was vielleicht einfach notwendig war, würden wir in der zweiten Lebenshälfte gern etwas Bedeutungsvolleres tun – etwas, das den Gehaltsscheck übersteigt und Sinnerfüllung bringt.

Nicht, dass Erfolg schlecht wäre. Amerika ist ganz verrückt nach Erfolg, und das aus gutem Grund. Von klein auf werden wir ermutigt, nach Erfolg zu streben, sei es beim Sport auf dem Schulhof oder beim Buchstabieren. Die Schüler streben nach möglichst guten Zensuren auf ihrem Abschlusszeugnis, damit sie von den Universitäten angenommen werden, die ihnen den Weg zu einem guten Job in einer angesehenen Firma ebnen sollen. Im Gegenzug hoffen Arbeitgeber, die genügend dieser jungen Heißsporne engagiert haben, in führenden Publikationen auf der Liste der angesehenen Firmen zu erscheinen.

Ich bin seit dreißig Jahren im Geschäft und habe noch kein Unternehmen kennen gelernt, das bewusst versucht, nur Zweitbester zu sein. Das wäre auch nicht gut. Der Wunsch, der Beste zu werden, ist eine sehr mächtige und positive Triebkraft – er ist der Motor, der nicht nur eine pulsierende Wirtschaft antreibt, sondern einen ganzen Lebensstil bestimmt, der hohe Leistung und Qualität als ein durchaus erreichbares Ziel betrachtet. Und selbst wenn wir den Preis nicht gewinnen, unsere Bemühungen haben uns dennoch über unsere Erwartungen hinaus vorankommen lassen.

Wenn wir im positiven Sinn von einem »guten Leben« reden können, dann ist das oft die Folge des an sich gesunden Wunsches, erfolgreich zu sein. Doch auf unserem Weg zum Erfolg empfangen wir Signale, die uns anzeigen, dass Erfolg nicht genug ist. Einige dieser Signale sind:

1. Die Faszination, ein großes Geschäft abzuschließen, ist nicht mehr so groß wie noch zehn Jahre zuvor.
2. Ein jüngerer Kollege sägt an Ihrem Stuhl und Sie reagieren, indem Sie ihn dabei unterstützen, anstatt zu versuchen, ihm eine Nasenlänge voraus zu bleiben.
3. Sie verbringen viel Zeit damit, darüber nachzudenken, wie es sein würde, noch einmal neu zu beginnen oder sich mit einem weniger verantwortungsvollen Posten zufrieden zu geben, damit Sie Ihr Leben mehr in den Griff bekommen.

4. Sie haben eine sichere Stellung, aber Sie beschäftigen sich mit den Stellenangeboten in den Tageszeitungen.
5. Sie denken mehr darüber nach, was in einem Kunden vorgeht, statt darüber, wie Sie mit ihm ein Geschäft abschließen können.
6. Sie beneiden den Kollegen, der seinen Job aufgegeben hat, um mehr Zeit für seine Familie und die Gemeinde zu haben.
7. Sie verbrauchen alle Urlaubstage und fangen sogar an, Krankheitstage zu nehmen.
8. Sie fragen sich: »Wie viel ist genug?«
9. Die Andeutung des Vorgesetzten, Sie zu befördern, beflügelt Sie nicht mehr so wie früher.
10. Sie denken ernsthaft darüber nach, sich selbständig zu machen.
11. Ihr Sohn sagt eines Tages: »Leb nicht am Leben vorbei, Dad.«

Der Psychologe Donald Joy machte die Beobachtung, dass sehr viele Männer, sobald sie die Vierzig überschreiten, eine große Unternehmung in Angriff nehmen – etwas, das vielleicht sogar ein wenig zu groß für sie ist. Ein Farmer nimmt vielleicht ein hohes Darlehen auf und macht seine Farm zur größten im Bezirk. Ein Angestellter im mittleren Dienst in einem etablierten Betrieb verlässt die Firma und gründet sein eigenes Unternehmen. Oder er versucht, sein Hobby oder seine Nebenbeschäftigung auszubauen. Ein passionierter Bergsteiger versucht vielleicht, einen der großen Berge zu besteigen, ein Hobbysegler macht sich möglicherweise daran, allein einen Ozean zu überqueren.

Einige mögen diesen ehrgeizigen Drang, etwas zu erreichen, als einen weiteren Versuch werten, erfolgreich zu sein, aber nach meiner Überzeugung steckt mehr dahinter. Während wir uns der zweiten Spielhälfte unseres Lebens nähern, erkennen wir, dass wir nur in ganz bestimmtem Umfang kaufen, verkaufen, managen und Ziele erreichen können. Wir begreifen auch allmählich, dass unser Leben mit Sicherheit irgendwann ein Ende hat. Wenn alles gesagt und getan ist, wird unser Erfolg ziemlich leer sein, es sei denn, er beinhaltet ein entsprechendes Maß an Sinnerfüllung. Vieles von dem, was wir in der ersten Lebenshälfte tun, hat nur sehr geringen Wert für die Ewigkeit. Ein erfolgreicher Geschäftsmann sagte einmal über den großen Erfolg, den er mit seinem Geschäft hat: »Ich habe immer wieder festgestellt, dass hinter dem Topf mit Gold am Ende des Regenbogens eine Art Leere ist.«

Nehmen wir z. B. meinen Freund Howard. Er ist Mitte vierzig, und Direktor einer Firma, die die größte ihrer Art in der Stadt ist, in der er lebt. Er ist einer der dynamischsten, vorwärts drängenden Persönlichkeiten, die ich kenne. Sein Engagement gilt auch einer Organisation hochrangiger, ehrgeiziger Menschen, der *Young Presidents Organization (YPO)*.

Die Wirtschaftspresse, die über seine Gesellschaft berichtete, nannte Howard »den großen weißen Hai« und verglich ihn mit einem »auf Hitze ausgerichteten Flugkörper«, ein Vergleich, der als Kompliment gedacht war. Die Abteilung, die Howard leitet, ist ein Kronjuwel in einem riesigen Dienstleistungsunternehmen und man spekuliert darüber, dass er eines Tages nach New York berufen wird, um den höchsten Posten in der Geschäftsleitung einzunehmen.

Howard ist ein Erfolgsmensch. Vor drei Jahren aß ich mit ihm bei einem Treffen der *YPO* zu Abend und er sprach mit mir über den Grund seines Erfolgs.

»Meine Karriere ist das Einzige, was zählt«, sagte er. »Ich esse viermal pro Woche mit Klienten zu Abend. Ich bin nur selten zu Hause, aber meine Familie muss begreifen, dass die Arbeit an erster Stelle steht. Ich nehme mir im Urlaub Zeit für sie, aber das muss dann auch genügen. So ist es nun mal.«

Dann brach eine hohe Welle über Howard herein. Vor achtzehn Monaten verlor er bei einem Unfall seinen einzigen Sohn.

Es gab nichts, das Howard auf den Verlust seines Sohnes vorbereitet hätte – absolut nichts. Seine Trauer zog ihn herunter und alle möglichen unbeantworteten Fragen quälten ihn. Als ich Howard nach dem Unfall bei den Versammlungen der *YPO* begegnete, sagte er immer zu mir: »Das Ganze macht mir sehr zu schaffen. Wir müssen miteinander reden.« Doch er rief nicht an. Er vergrub sich noch tiefer in seine Arbeit. Aber in seinen Augen las ich, dass irgendetwas mit ihm passiert war; seine Arbeit besaß für ihn nicht mehr dieselbe Faszination wie früher.

Vor wenigen Monaten saß ich bei einer *YPO*-Versammlung wieder einmal neben Howard. Er beugte sich zu mir herüber und erzählte mir, er würde noch bis zum Ende des Jahres bleiben, aber seine Rücktrittserklärung und die Ernennung seines Nachfolgers würden am folgenden Tag in der Zeitung bekannt gegeben. Er war nicht sicher, was er danach tun würde, aber die Faszination des Geschäftslebens als Lebensinhalt war ganz eindeutig geschwunden.

Und dann informierte er mich mit einem breiten Grinsen darüber, dass er in der vergangenen Woche seine größten Kunden angerufen habe, um sie von seinem Ausscheiden zu unterrichten. »Bei diesen Anrufen ist etwas sehr Seltsames passiert«, sagte er. »Diese Burschen sind genau wie ich, Männer meines Alters, zähe und ehrgeizige Geschäftsleute. Fast alle reagierten ähnlich: Zuerst zwanzig Sekunden Schweigen, dann die Antwort: ›Sie sind mir ja einer. Sie sind mir zuvorgekommen. Meine Frau und ich haben darüber gesprochen, dass ich genau dasselbe tue.‹«

Als ich das letzte Mal in Howards Büro anrief, war er gerade mit einigen Kindern zu einem Freizeitzentrum gefahren, um mit ihnen Basketball zu spielen. Es war zehn Uhr morgens an einem gewöhnlichen Wochentag …

Vor meinen Augen war Howard von der ersten Lebenshälfte in seine zweite hinübergewechselt. Er hatte nun herausgefunden, wo seine Prioritäten lagen.

Zum Erfolg gehört häufig, auf dem Weg an die Spitze das »Eine« mit sich zu tragen, aber nicht zu wissen, was es ist, d. h., sich nicht dessen bewusst zu sein, was im eigenen Leben wirklich wichtig ist oder zählen sollte. Sinnerfüllung beginnt erst dann, wenn man auf seinem Weg anhält und sich endlich einmal ansieht, was man schon immer mit sich getragen hat. Dann kann auch das Leben um dieses »Eine« herum neu organisiert werden.

Für Christen könnte das bedeuten, Gott die erste Priorität in ihrem Leben einzuräumen und dann zu sehen, wohin diese Entscheidung führt. Leider sind die meisten Menschen der Meinung, ein erfolgreicher gläubiger Geschäftsmann sei ein reicher Mann, der viel Geld an die Gemeinde gibt. Sinnerfüllung wird jedoch erst dann erfahren, wenn dieser Geschäftsmann einen Weg findet, *sich selbst* Gott auszuliefern (falls er Gott tatsächlich die Priorität in seinem Leben eingeräumt hat). Dazu könnte eine berufliche Veränderung gehören, auf jeden Fall jedoch eine veränderte Einstellung zu seiner bisherigen Tätigkeit. Dennis O'Connor und Donald M. Wolfe nennen diese veränderte Einstellung im *Journal of Organizational Behavior* einen »persönlichen Paradigmenwechsel (zum Beispiel größere Veränderungen hinsichtlich Überzeugungen, Wertmaßstäben und Gefühlen)«. Ich bezeichne es manchmal als eine »Neuordnung der persönlichen Lebensgeschichte«.

Für mich bedeutete das, die Führung meines Unternehmens an andere abzugeben, damit ich frei wurde, unmittelbar mit Gemeindeleitern zu arbeiten. Das war meine Berufung, der Dienst, den ich nach Gottes Willen tun sollte. Vorher hatte ich von meinem Einkommen abgegeben und mich gelegentlich auch selbst engagiert; jetzt widme ich etwa 75 % meiner Zeit den Dingen, die ich mit der mir von Gott gegebenen Begabung tun kann.

Sie sehen, ich bin durchaus nicht der Meinung, dass Gott uns mit besonderen Fähigkeiten und Temperamenten ausstattet und dann von uns erwartet, Dinge für ihn zu tun, die vollkommen andere Fähigkeiten und Temperamente erfordern. Warum sollte ein Schöpfer, der eine so empfindliche und komplizierte Welt ins Leben rief, in Bezug auf den Menschen, die er nach seinem eigenen Bild geschaffen hat, so unglaublich unsensibel sein?

Ich erinnere mich an einen Bekannten, der einen hervorragenden Ruf als Systemanalytiker besaß. Er näherte sich der Halbzeit und überlegte, ob es einen Weg gab, Gott mehr von seiner Zeit und seinem Talent zur Verfügung zu stellen. Der wohlmeinende Pastor seiner Gemeinde »forderte ihn heraus«, eine Sonntagsschulgruppe zu übernehmen! Nichts gegen die Sonntagsschule (ich selbst habe jahrelang Sonntagsschule gehalten), aber dieser Mann hätte der Gemeinde mit seinem Computerwissen wertvolle Dienste leisten können. Er wollte vom Erfolg zur Sinnerfüllung kommen, aber man bot ihm etwas, bei dem er unweigerlich scheitern würde. Wofür würden Sie sich entscheiden?

Sinnerfüllung muss keine radikale Umkehr beinhalten. Sie brauchen Ihr Leben oftmals nur ein wenig umzuorganisieren, damit Sie Ihre Talente so einsetzen können, dass Ihnen mehr Zeit für Dinge zur Verfügung steht, die Ihnen wirklich wichtig sind. Und tun Sie es so, als hätte es die Faszination Ihres ersten Geschäftsabschlusses! Gott hat einen wundervollen Plan für die zweite Hälfte Ihres Lebens: Er möchte es Ihnen ermöglichen, ihm zu dienen, indem Sie das tun, was Sie gern tun und wofür Sie eine Begabung haben.

Kapitel 11

Die Lebensmitte finden und dort bleiben

»Am Ruhepunkt der sich drehenden Welt [...] *da ist Tanz. Wo die Vergangenheit und die Zukunft sich treffen* [...]. *Die innere Freiheit von praktischen Wünschen, die Befreiung von Aktion und Leiden. Befreiung von inneren und äußeren Zwängen.«*

Eine Bearbeitung der *Four Quartets* von T. S. Eliot – in Schönschrift an einer Wand der *Still Point Farm*

Die Mitte hat schon immer eine besondere Anziehungskraft auf mich ausgeübt. Sogar in meiner ersten Lebenshälfte – einer Zeit, in der die meisten von uns dazu neigen, hektisch zwischen der Jagd nach einem Geschäftsabschluss und der Langeweile zwischen zwei Geschäftsabschlüssen hin und her zu huschen – war es mir oft möglich, irgendwie meinen Weg in die Mitte zurückzufinden. Ich glaube, dass ich das ganz einfach meiner Veranlagung verdankte.

Wenn mein »Mitte-Denken« während meiner ersten Lebenshälfte eine Sache glücklicher Umstände war, so ist es heute eine bewusste Entscheidung. Man kann nur eine bestimmte Zeit lang mit Umständen rechnen, die uns fördern. Eines der Warnsignale, die das Ende der ersten Lebenshälfte anzeigen, ist das Gefühl, dass man nicht mehr so viel Zeit auf beide Extreme verwenden möchte. Es ist wichtig, sehr überlegt die kreative Spannung, d. h. die Realität des Lebens, in einem lebbaren Gleichgewicht zu halten. Die Halbzeit gibt uns die Gelegenheit, innezuhalten und die Extreme, zwischen denen wir hin- und herschwanken, klar zu benennen und dann zu entscheiden, wie wir in der zweiten Lebenshälfte friedlich mit ihnen leben sollen. Und das ist tatsächlich möglich.

Im Buch der *Harvard*-Ethikerin Laura Nash *Believers in Business* sind viele Berichte zu finden, wie Christen in der realen Wirtschaftswelt leben. Für dieses Buch befragte Dr. Nash sechzig gläubige Geschäftsleute in leitenden Positionen, um zu erfahren, wie diese die miteinander konkurrierenden Spannungen, die in ihrem Berufsleben zwangsläufig entstehen, ausgleichen.

Sehen Sie sich zuerst die sieben Spannungsfelder an, die sie bei Christen im Geschäftsleben erkennen konnte:

1. Dienst für Gott kontra Liebe zum Geld;
2. Liebe kontra Wettbewerb;
3. die Nöte der Menschen kontra die Verpflichtung, Profit zu erwirtschaften;
4. Familie kontra Arbeit;
5. im Angesicht des Erfolgs die persönliche Perspektive im Blick behalten;
6. Freigebigkeit kontra Reichtum;
7. an einem pluralistischen Arbeitsplatz ein treuer Christ zu bleiben.

Klingt Ihnen das vertraut? Fühlten Sie sich schon jemals zwischen diesen Extremen gefangen? Wenn Sie diese Spannungen als negativ empfinden, befinden Sie sich wahrscheinlich noch in der ersten Lebenshälfte. Aber wenn Sie anfangen zu erkennen, dass diese Spannungen nicht nur notwendig sind, sondern vielleicht sogar auch Vorteile haben, sind Sie in die Halbzeit eingetreten. Auf Ihrer Reise in die zweite Lebenhälfte werden Sie Wege finden, die Spannung abzubauen, indem Sie lernen, wie Sie mit dem Paradox umgehen müssen. Mit anderen Worten: Sie werden Frieden finden in dem Wissen, dass Sie die Spannung niemals werden abbauen können – sie wird immer da sein, und das ist eigentlich auch nicht falsch.

Die beiden Schlüsselworte, die Dr. Nash in ihrer Studie über die positive Bewältigung dieser Spannungsfelder nennt, klingen beinahe banal: »Ausgewogenheit« und »Glauben«. Wenn Ihnen das bekannt vorkommt, dann vielleicht deshalb, weil in der Bibel immer wieder deutlich gemacht wird, dass es im Leben nur selten ein »Entweder-oder« gibt und Gegensätze nicht von vornherein schlecht sein müssen. Wir lesen dies zum Beispiel in den bekannten Versen aus Kohelet, Kapitel 3:

> »Alles hat seine Stunde. Für jedes Geschehen unter dem Himmel gibt es eine bestimmte Zeit:
>
> eine Zeit zum Gebären und eine Zeit zum Sterben, eine Zeit zum Pflanzen und eine Zeit zum Abernten der Pflanzen […], eine Zeit für die Klage und eine Zeit für den Tanz […]
>
> Ich sah mir das Geschäft an, für das jeder Mensch durch Gottes Auftrag sich abmüht. Gott hat das alles zu seiner Zeit auf vollkommene Weise getan.«

Auch der Apostel Paulus spricht sehr deutlich von dem »Sowohl-als-auch-Wesen« des Lebens:

> »In allem erweisen wir uns als Gottes Diener: durch große Standhaftigkeit, in Bedrängnis, in Not, in Angst, unter Schlägen, in Gefängnissen, in Zeiten der Unruhe, unter der Last der Arbeit, in durchwachten Nächten, durch Fasten, durch lautere Gesinnung, durch Erkenntnis, durch Langmut, durch Güte, durch den Heiligen Geist, durch ungeheuchelte Liebe, durch das Wort der Wahrheit, in der Kraft Gottes, mit den Waffen der Gerechtigkeit in der Rechten und in der Linken, bei Ehrung und Schmähung, bei übler Nachrede und bei Lob. Wir gelten als Betrüger und sind doch wahr-

> haftig; wir werden verkannt und doch anerkannt; wir sind wie Sterbende, und seht: wir leben; wir werden gezüchtigt und doch nicht getötet; uns wird Leid zugefügt, und doch sind wir jederzeit fröhlich; wir sind arm und machen doch viele reich; wir haben nichts und haben doch alles« (2 Kor 6,4-10).

Diese Begriffe decken fast alle Bereiche ab, oder? Den großen Männen der Bibel – Abraham, Joseph, Mose, David oder den Aposteln – erging es also nicht anders. Wer sind *wir*, dass wir ein bequemes, kalkulierbares Leben erwarten? Vielmehr sind wir aufgerufen, inmitten der Spannung und der Gegensätze zu leben. Und nicht nur in einem Geist der Toleranz, der in unserer Gesellschaft genügend propagiert wird, einfach nur zu existieren, sondern sogar vorwärts zu kommen! Auch im Sport gibt es diesen Augenblick in Zeit und Raum, in dem die Spannung des Gewinnens und Verlierens greifbar über einem Spiel oder einem Wettkampf liegt.

Leider neigen viele Vertreter der organisierten Religionen zu der Ansicht, der Glaube erhebe uns über Chaos und Verwirrung. (Ein mir bekannter Pastor bezieht sich auf die Kanzel, wenn er sagt, sie stehe drei Meter sicher über der Verwirrung.) Damals im Mittelalter wurde das religiöse Leben als Schutz vor Sünde und den schlechten Einflüssen der »Straße« betrachtet. Und auch heute sehen wir das religiöse Leben immer noch als von der restlichen Welt losgelöst an – eine »Karriere«, zu der nur bestimmte Personen mit Empfehlungsschreiben zugelassen werden.

In der Realität – einer Wirklichkeit, die die Welt erkennen sollte – begegnet Christus uns, er arbeitet mit uns, inmitten der Verwirrung, im Tal tödlicher Bedrohungen, im Tunnel des Chaos, wenn vertraute Orientierungspunkte verschwunden sind. Und er steht mit mir auf dem Felsen am Ufer des *Rio Grande*, er ist da, während ich hinter dem Steuerrad eines Mietwagens sitze und vor Trauer über den Verlust meines Sohnes weine, als die Tränen auf meinen Pullover tropfen und ich vor Erschütterung über die Endgültigkeit seines Weggangs laut schreie.

Der moderne Mensch wünscht sich ein geordnetes und aufgeräumtes Leben; seine Religion soll vernünftig sein. In Wirklichkeit jedoch schweben wir zwischen den Extremen Ordnung und Verwirrung, Bekanntes und Unbekanntes. Und erst, wenn wir beginnen, die Fragen unserer ersten Lebenshälfte zu klären und auf den Wunsch, selber unser Leben in Ordnung zu bringen, verzichten, werden wir diese Spannung ruhig aushalten können.

Auf meiner Pilgerreise nenne ich diese Position der Ausgewogenheit die »J-Zone« (»Jesus-Zone«). Die Extreme zu ihr sind Angst und Langeweile – beides alles andere als angenehme Zustände. Aber auch das Leben, das von einem Extrem ins andere pendelt, ist nicht viel besser. Und doch verbringen viele von uns so die erste Lebenshälfte.

Erst nachdem ich meine Prioritäten festgelegt hatte, begann ich zu lernen, wie ich sowohl mit Angst als auch mit Langeweile leben konnte. Je näher ich an meinem Zentrum blieb – an Jesus –, desto eher konnte ich die gegensätzlichen Empfindungen akzeptieren. Angst und Langeweile waren noch immer da, nur konnte ich sie jetzt in Grenzen halten. Ich konnte an dem einen Tag ein größeres Geschäft verfolgen und am nächsten Tag Chaucer lesen und spüren, dass die Zeit dazwischen beides durchdrang. In der »J-Zone« stellte ich fest, dass Arbeit und Familie sich nicht gegenseitig ausschließen, dass Glaube und Wirtschaft keine unvereinbaren Gegensätze sind und dass sowohl Gewinnen als auch Verlieren in Ordnung ist.

Bitte verwechseln Sie Ausgewogenheit – die »J-Zone« – nicht mit Erfolg. Zu sagen, dass ich überwältigenden Erfolg gehabt hätte, weil ich Jesus Christus zur Mitte meines Lebens gemacht habe, wäre unehrlich und irreführend. Dennoch hat der Aufenthalt in dieser Zone in mir den Durst nach Erfolg gelöscht.

Ich möchte Ihnen ein Beispiel dafür geben. Kurz nach meinem Gespräch mit Mike Kami und der Konfrontation mit der Frage: »Was sind Ihre Prioritäten?« bot sich mir eine hervorragende geschäftliche Gelegenheit. Es war ein sehr verlockendes Geschäft mit einem, wie es aussah, schwindelerregenden Gewinn – wenn alles so lief wie geplant. Während ich noch darüber nachdachte, ob ich einsteigen sollte, saß ich zufällig auf einem Flug nach Washington neben dem Leiter einer größeren Bundesbehörde, die sehr viel mit der Investition, die ich in Betracht zog, zu tun haben würde. Zufällig kannte ich ihn persönlich; er war mein Rechtsanwalt gewesen, bevor er nach Washington ging.

Ich erklärte ihm das Geschäft und berichtete ihm auch von meinem Wunsch, Christus durch mein unternehmerisches Talent zu dienen. Als ich ihn fragte, was er an meiner Stelle tun würde, sagte er: »Mir scheint, Sie stehen auf einem Berggipfel und das ist Ihre Versuchung.«

Ich fragte diesen Mann, ob er die Bibel lese, und er antwortete: »Eigentlich nicht.« Aber ich wusste, dass er diese Erkenntnis irgendwie aus der Bibel hatte. Als ich in mein Hotelzimmer kam, nahm ich sofort die Bibel aus meinem Nachttisch zur Hand. Während ich die Geschichte der Versuchungen Jesu durchlas, die uns im Matthäus-Evangelium berichtet wird, kam ich gar nicht erst bis zu der Szene auf dem hohen Berg, sondern blieb bei der zweiten Episode hängen. Es war die Versuchung, mit der Satan Jesus herausforderte, etwas Spektakuläres zu tun, etwas, das allen Gesetzen der Schwerkraft widersprechen würde. Ein Sturz von den Zinnen des Tempels, der für Jesus keinerlei schlimme Folgen hätte, würde einen Beweis dafür erbringen, dass Gott die Macht hatte, alle Naturgesetze außer Kraft zu setzen, um seinen geliebten Sohn zu schützen. Die Stimme des Versuchers flüstert: »Na los, greif zu! Das ist deine Gelegenheit! Wirf alle Hindernisse und Vorsicht über Bord! Eine solche Gelegenheit kommt nie wieder.«

Das Geschäft, das ich in Betracht zog, widersprach einigen der Schwerkraftgesetze der Geschäftswelt; große Steuervorteile waren zu erwarten. Es gehörte jedoch in einen Geschäftsbereich, in dem ich mich nicht auskannte. Meine innere Stimme sagte: »So einfach ist das Leben nicht. Bleib bei den Dingen, die du kennst. Arbeite mit dem Wissen, das deine Erfahrung dir vermittelt hat.«

Wieder einmal hatte ein Mensch, der kein sonderlich guter Bibelkenner war, mir eine Erkenntnis vermittelt, die die Bibel für uns alle bereit hält. Mehr als je zuvor war ich davon überzeugt, dass Gott alle möglichen Leute gebraucht, um uns die Hilfe zukommen zu lassen, die wir brauchen, wenn wir nur aufmerksam und aufnahmebereit sind. Der Mann hatte klar erkannt, was ich nur verschwommen wahrnahm. Meine Unterhaltung hatte mir geholfen, wieder zur Mitte zurückzukehren, zu meinen Werten, von denen abzuweichen ich versucht war. Als ich aus Washington zurückkam, tätigte ich einen Telefonanruf: Das Geschäft würde ohne mich laufen müssen.

In meiner ersten Lebenshälfte hätte ich jetzt dem Verlust eines möglichen Geschäftes nachgetrauert. In meiner zweiten Lebenshälfte trat die Frage nach Gewinn oder Verlust in den Hintergrund und machte einem ganz anderen Denken Platz: Wer ich bin und wofür ich lebe und ob ich innerlich zufrieden mit dieser Entscheidung bin.

Falls Sie feststellen, dass Sie sich danach sehnen, ähnlich auf einen Verlust reagieren zu können, stecken Sie vielleicht schon mitten in der Vorbereitung auf Ihre zweite Lebenshälfte.

Kapitel 12

Im Spiel bleiben, aber den Spielplan ändern

Auch wenn Sie nicht wie ich zu Beginn Ihrer zweiten Lebenshälfte Ihre Arbeitszeit kürzen können oder im Gegenteil froh sind, dass Sie Arbeit haben, kann diese Zeit für Sie Veränderungen bringen. Wenn Sie in Ihre Halbzeit gehen, bewegt sich die Einstellung gegenüber Ihrer Arbeit wahrscheinlich irgendwo zwischen »Ich liebe meinen Beruf so sehr, dass ich ihn auch ausüben würde, wenn ich kein Gehalt dafür bekäme« und »Ich hasse meinen Job, egal, wie viel Geld ich verdiene«. Meine Erfahrung ist, dass die meisten auf die Frage, ob ihnen ihre Arbeit wirklich gefällt, eher zur zweiten Antwort hin tendieren und dass sie ihren Job nur als notwendiges Übel betrachten, um ihren Lebensunterhalt zu verdienen. Viele würden aber sofort die Einstellung meines Sohnes Ross teilen, der einmal, sehr zu meiner Überraschung, sagte: »Ich möchte leben, um zu arbeiten, und nicht arbeiten, um zu leben.«

Bei mir war es so, dass meine Arbeit Dinge von mir forderte, die ich gerne gab, und sie belohnte mich mit einem hohen Maß an Zufriedenheit und nicht gerade wenig Geld. Für mich gab es nichts Belebenderes, als ein Geschäft auszuarbeiten, die Einzelheiten auszuhandeln und nach dem Handschlag zu feiern. Mit Begeisterung plante ich eine Strategie, damit das Geschäft zum Abschluss kam. Ich war erfolgreich und erlebte auch eine Menge Glückstreffer, darum fiel mir die Entscheidung auch nicht leicht, die Führung meines Geschäfts an andere Leute abzugeben. In gewisser Weise beraubte ich mich des Vergnügens, das meine Arbeit mir brachte.

Einige Leute sind der Meinung, ihre Probleme seien gelöst, wenn sie eines Tages ihre Arbeit einfach aufgeben könnten. Dies ist einer der Gründe, warum so viele Menschen in der ersten Lebenshälfte stehen bleiben: Sie haben den harten Konkurrenzkampf satt, doch anstatt die Midlifecrisis erfolgreich zu meistern, springen sie über Bord. Wechseln die Stellung. Gründen ein Geschäft. Versuchen es mit der Unabhängigkeit.

Keine der oben genannten Möglichkeiten ist schlecht, aber ich möchte Sie bitten: Widerstehen Sie dem Drang, einfach alles hinter sich zu lassen. Darum geht es nach meiner Überzeugung in der zweiten Lebenshälfte überhaupt *nicht*. Ich kenne Menschen, die in fortgeschrittenem Alter noch immer am selben Arbeitsplatz sitzen und auch noch da sein werden, um die goldene Uhr zum Jubiläum in Empfang zu nehmen. *Der Schlüssel zu einer erfolgreichen zweiten Lebenshälfte ist nicht der Berufswechsel, sondern eine Veränderung der Einstellung, eine Veränderung Ihrer Weltsicht und Ihrer Lebensordnung.* Dazu kann ein Berufswechsel gehören, aber vielleicht müssen oder können Sie auch an Ihrem gegenwärtigen Arbeitsplatz bleiben. In der Regel ist es von allem etwas.

Seismische Tests

Da ich in Texas aufgewachsen bin, habe ich unweigerlich einiges über das Ölgeschäft gelernt. Ich bin weit davon entfernt, ein Experte zu sein, aber gelernt habe ich zum Beispiel, dass man nicht einfach hingehen, sich eine Stelle aussuchen und zu bohren beginnen kann. Wenn man die Risiken minimieren möchte, führt man einige seismische Tests durch – eine wissenschaftliche Überprüfung des Bodens, um zu sehen, was in ihm steckt. Da die Größe und Form einer unterirdischen Formation unbekannt ist, werden mit einer elektronischen Vorrichtung an unterschiedlichen Stellen sonarähnliche Impulse in die Erde geschickt. Wenn man die Bilder aus den verschiedenen Perspektiven betrachtet, nimmt die Formation Gestalt an.

Wenn man dieses Beispiel nun auf die Überlegungen zur zweiten Lebenshälfte überträgt, ist Ihre »unterirdische Formation« die schwierige Frage, wie Sie Ihr Leben neu organisieren sollen. Ihre Idee ist in Größe und Form noch undeutlich und Sie können sie nur von einem Standpunkt aus betrachten, darum kann es sehr ratsam sein, mehrere Menschen Ihres Vertrauens nach ihrer Meinung zu fragen. Ihr »Sonar« wird einen Teil des Bildes zurückwerfen, das Sie vorher nicht erkennen konnten, und schließlich werden auch die verschwommensten und unvollständigsten Angelegenheiten eine bestimmte Form und Größe annehmen. Und schließlich werden Sie wissen, ob Sie »bohren« sollen oder nicht.

Sie denken vielleicht, dass ich, nachdem ich erst einmal meine Prioritäten festgelegt hatte, die Führung meines Geschäfts schnell an einen Angestellten übergeben und mich dann auf die Suche nach einem neuen, wenn auch zahmeren Drachen gemacht habe, den ich dann mutig töten könnte. Glauben Sie mir, das wäre ein großer Fehler gewesen, auch wenn ich finanziell abgesichert war und mir einige Fehlschläge hätte leisten können. Zuerst führte ich einige »seismische Tests« durch. Ich wusste, dass ich gut mit Menschen umgehen konnte und dass mir dies Spaß machte. Ich hätte in dem von mir gegründeten Unternehmen bleiben können, denn dort war mir der Erfolg sicher, aber Erfolg hatte ich bereits gehabt; ich suchte Sinnerfüllung – etwas, das meiner Person und meinen Prioritäten mehr entsprach. In der Führung meines Kabelsenders konnte ich keine Sinnerfüllung mehr finden.

In diesem Punkt war mein Ratgeber Mike Kami mit mir einer Meinung. Sein Rat war einfach, doch ich war noch nicht bereit, ihn anzunehmen: »Verkaufen Sie Ihr Unternehmen und investieren Sie das Geld in die religiösen Projekte, von denen Sie gesprochen haben.«

Ich saß da und war wie betäubt von den Konsequenzen, die eine solche Entscheidung nach sich ziehen würde. Linda schien nicht weniger erstarrt. Ich konnte beinahe sehen, wie stereotype Bilder von Predigern, Missionaren und Mönchen an ihr vorüberzogen. Würden wir zu einem Ehepaar werden, das sein Geld unter den Armen verteilte, bis nichts mehr übrig war? Würde von uns erwartet werden, dass wir nun in Sack und Asche gingen? War das Leben, das wir gekannt und genossen hatten, zu einem plötzlichen Ende gekommen?

Glücklicherweise führte ich einige seismische Tests durch. Ich suchte den Rat von zwei Christen: Ray Steadman, damals Pastor einer Gemeinde in Palo Alto, Kalifornien, und James Dobson, bekannter Schrifsteller und Mitbegründer der Organisation *Focus on the Family*. Auf ihre Weise warnte mich jeder von ihnen: »Wenn Sie Ihr Unternehmen verkaufen, verlieren Sie Ihre Plattform und niemand wird mehr auf Ihre Anrufe reagieren.« Es war klar, dass ich genauer wissen musste, was ich mit meinem Leben anfangen sollte, bevor ich große Pläne schmiedete.

Darum rief ich eine Gruppe von Ratgebern zusammen, zu denen auch Fred Smith Sen., Paul Robbins und Harold Myra von *Christianity Today* gehörten. Zusammen hatten sie einen breiten Überblick und gute Kenntnisse des Bereiches, in dem ich arbeiten wollte: die Gemeinde Christi in den Vereinigten Staaten. Sie wussten, wie gern ich an organisatorischen Projekten mitwirkte und dass ich einen großen Teil meiner Zeit der Arbeit für Gott widmen wollte. Ich fragte sie: »Welche Möglichkeiten gibt es für jemanden mit meinen bestimmten Vorstellungen?«

Sie erwähnten eine neue Gruppe von Gemeinden, die sehr groß waren und Gemeinde anders gestalten wollten. »Vielleicht könnten Sie ihnen irgendwie weiterhelfen«, schlugen sie vor. Ich lud also eine Gruppe von Pastoren ein und bat Paul, ihnen einige Fragen zu stellen. Meine Aufgabe bestand einzig darin, ihnen aufmerksam zuzuhören.

Zuhören ist ein wichtiger Bestandteil der seismischen Tests; es hilft Ihnen, die Bereiche zu entdecken, in denen Sie von Nutzen sein können. Ich erfuhr, was diesen Pastoren weiterhelfen könnte, und setzte meine Tests fort, indem ich mit älteren Pastoren großer Gemeinden sprach. Diese Pastoren einigten sich schließlich auf drei Dinge, die ihnen weiterhelfen könnten, und ich sah, dass meine Berufung für die zweite Lebenshälfte allmählich Gestalt annahm.

Als direkte Folge dieser Tests war ich in der Lage, ein System zu erarbeiten, das auf eine bestimmte Gruppe im christlichen Dienst zugeschnitten ist. Es ist mehr »zufällig«, das ich mich ausgerechnet den Pastoren großer Gemeinden widme; mein Interesse für Organisation passte nun mal zu ihrem Bedürfnis, die Dynamiken innerhalb ihrer Gemeinden zu verstehen. Wenn ich anders veranlagt gewesen wäre, hätte ich vielleicht mit den Leitern von Missionswerken gearbeitet oder mit kleinen, ländlichen Gemeinden. Aber wäre ich aus meiner Besprechung mit Mike Kami geeilt und hätte mich auf die erste beste Aufgabe gestürzt, die sich mir bot, hätte ich vielleicht kein Arbeitsfeld gefunden, das so gut auf mich zugeschnitten ist.

Zwei Dinge sind wichtig für seismische Tests. Das Erste ist zu wissen, wer Sie sind, das Zweite ist, verlässlichen Rat zu suchen. Als ich mich Rat suchend an zwei Freunde wandte, fragte ich: »Wie kann ich mich nützlich machen?« Sie antworteten: »Was gehört denn alles zu diesem ›Ich‹ dazu?« Das ist eine sehr wichtige Frage für jemand, der vor seiner zweiten Lebenshälfte steht, denn man kann letztlich nur aus der Kraft wirken, die Gott einem gibt.

Nehmen wir einmal an, Sie haben häufig Schuldgefühle empfunden, weil Sie den Menschen nicht genügend von Gott erzählten. In Ihrer zweiten Lebenshälfte sind Sie nun drauf und dran, Ihre Stellung aufzugeben und Prediger oder Missionar zu werden. Hier erscheint es doch notwendiger als alles, diesen Prozess zur Entscheidungsfindung mit dem vollen Blick auf Sie selbst und Ihre Möglichkeiten zu beginnen. Werden Sie sich zunächst über Ihre Gaben und Fähigkeiten klar. Ist Evangelisation Ihre Gabe? Ist es etwas, das Sie gern und gut tun – dann führen Sie seismische Tests durch, bevor Sie sich in einem Bibelseminar anmelden oder nach Afrika abreisen. Begleiten Sie Ihren Pastor, wenn er Menschen besucht, die gern mehr von Jesus hören möchten, oder melden Sie sich freiwillig für einen Kurzzeit-Missionseinsatz. Wenn diese kurzen Ausflüge auf fremdes Territorium positiv verlaufen, können Sie Ihr Ziel ernsthaft weiterverfolgen. Wenn sie jedoch negativ verlaufen, haben Sie sich und anderen viele Probleme erspart.

Wie Sie Ihr Bestes für Gott geben können, wird aus Ihrem innersten Wesen, das Gott Ihnen gegeben hat, hervorkommen. Erinnern Sie sich an das Gleichnis Jesu von den Talenten? Die wundervolle Botschaft dieser Geschichte ist, dass wir nur für das zur Rechenschaft gezogen werden, was Gott uns gegeben hat, nicht für das, was andere haben oder vielleicht von uns erwarten. Der Knecht, dem nur zwei Talente gegeben wurden und der sie verdoppelt hat, wurde genauso gelobt wie der Knecht, dem fünf Talente anvertraut wurden. Wir haben nicht alle dieselbe Ausrüstung bekommen, aber von uns wird erwartet, dass wir wissen, was uns anvertraut worden ist. An uns liegt es, Wege zu finden, das anvertraute Gut klug einzusetzen.

Preiswerte Proben

Einer meiner Freunde in meinem Alter ist für seine zweite Lebenshälfte zu einer ähnlichen Entscheidung wie ich gekommen. Er beschloss, dass Gott der Mittelpunkt seines Lebens sein sollte, und wollte einen Weg finden, sein Führungstalent für Gott einzusetzen. Etwa zu diesem Zeitpunkt wurde ihm die Führung eines sehr einflussreichen Unternehmens angetragen, das bis nach Thailand im Westen und Europa im Osten operierte. Es war eine schwierige, sehr anspruchsvolle Aufgabe, mit der hohes Ansehen und ein Jahresgehalt von annähernd einer Million Dollar verbunden waren. Es war eine Stellung, für die

Geschäftsleute ihr Leben lassen würden … und einige tun es sogar.

Aber falls er den Posten übernahm, musste er sich für mindestens fünf Jahre binden – Zeit, die er eigentlich dem Dienst für Gott widmen wollte.

Er hatte überlegt, ein Bibelseminar zu besuchen. Mit diesen beiden Möglichkeiten kam er zu mir. Seine Priorität war klar: Gott sollte der Mittelpunkt seines Lebens sein, doch er wusste nicht so genau, ob dies nun vollzeitlicher Dienst für Gott oder etwas anderes bedeutete.

Ich riet ihm, die Führungsposition anzunehmen, das Bibelseminar zu vergessen und alle Möglichkeiten gegeneinander abzuwägen. Meiner Ansicht nach hatte er keine Wahl. Falls er das Seminar besuchte, würde er nach drei Jahren mit über fünfzig ein Amateur im vollzeitlichen Dienst sein. Wenn er Glück hatte, bekam er eine Stellung als zweiter Pastor in einer größeren Gemeinde, und mit fünfundfünfzig konnte er vielleicht erster Pastor einer Gemeinde werden, die ums Überleben kämpfte. War mein Freund tatsächlich der Meinung, Gott hätte ihm fünfundzwanzig Jahre Erfahrung in der Geschäftsführung gegeben, damit er schließlich Pastor einer mittelgroßen Gemeinde wurde, die um ihre Existenz kämpfte?

Das bedeutete jedoch nicht, dass mein Freund seinem Vorsatz, Gott treu zu dienen, abschwören musste. Gründliche Sondierung beinhaltet die Erforschung von Gebieten, in denen man seine zweite Lebenshälfte gern verbringen würde. Mein Freund zum Beispiel soll vielleicht im internationalen Geschäft bleiben und eine Bibelgruppe für Führungskräfte beginnen. Dazu wären einige Telefonanrufe nötig, ein paar Faxe und eine Reihe von Versuchen, um ihm zu zeigen, ob tatsächlich Interesse dafür besteht und ob er der Richtige für diese Aufgabe ist. Oder wenn er das Gefühl hat, er müsste seinen Beruf aufgeben und in den vollzeitlichen Dienst gehen, könnte er in Betracht ziehen, als Berater für christliche Organisationen tätig zu werden – egal, ob mit oder ohne Bezahlung.

Meine Einladung zu einem Gespräch mit einer Gruppe von Pastoren ist ebenfalls ein Beispiel für eine Sondierung ohne großen finanziellen Aufwand. Ich führte meine seismischen Tests durch, indem ich den Rat vertrauenswürdiger Ratgeber suchte, die mich in die richtige Richtung wiesen, aber ich sprang nicht mit beiden Beinen gleichzeitig auf diesen Zug. Falls dieses erste Gespräch mit den Pastoren fehlgeschlagen wäre, hätte ich nicht allzu viel Zeit und Geld investiert. Problemlos wäre eine zweite »Sondierung« auf einem anderen Gebiet möglich gewesen.

Der Vorteil der Sondierung ohne großen finanziellen Aufwand ist, dass man beim Einsatz seiner Begabungen für den Dienst für Gott und die Gemeinde praktische Erfahrungen machen kann. In der Wirtschaft wird dies immer wieder in Form von Marktforschung, Produkterprobung, Pilotprojekten und Ähnlichem angewendet. Der Grund, warum die Leute so etwas nicht für sich persönlich in Anspruch nehmen, ist der, dass sie immer noch alles so machen wie in der ersten Lebenshälfte: mit voller Geschwindigkeit und beiden Beinen voraus. Bedenken Sie, bei dieser Entscheidung für die zweite Lebenshälfte geht es um etwas, das wichtiger ist als eine Investition, ein Geschäft. Bremsen Sie ab. Überlegen Sie. Loten Sie die Wassertiefe aus.

Mit halber Geschwindigkeit

Nehmen wir einmal an, Ihnen gefällt Ihre Arbeit, und, offen gestanden, brauchen Sie sie auch aus verschiedensten Gründen. Sie brauchen die Sicherheit eines regelmäßigen Einkommens, einer Krankenversicherung und einer Rente und Sie genießen auch die Identität, die Ihnen Ihre Arbeit gibt. Ist in Ihrem Arbeitsverhältnis trotzdem Platz für Veränderung? Welche »Strategien« können Sie in Ihrer Halbzeit entwerfen, um Ihre zweite Lebenshälfte trotz allem noch lohnender zu gestalten?

Vermutlich stellen sich viele Leute diese Frage. Und die Gruppe wird mit Sicherheit noch größer, wenn man jene mitzählt, die ihre Arbeit nicht sonderlich mögen, aber der Meinung sind, sie unmöglich aufgeben zu können.

Es besteht kein Zweifel, dass die »Halbzeit« nicht nur etwas für »Großverdiener« ist, die sich diesen »Luxus« leisten können. Nein, sie kann wirklich jedem Menschen, der in Arbeit steht und sich Gedanken über seine zweite Lebenshälfte macht, dazu verhelfen, dass sie besser wird als die erste.

Das wollen wir uns näher ansehen. Nachdem Sie eine Arbeit zehn oder zwanzig Jahre lang ausgeführt haben, sind Sie ziemlich gut darin. Sie haben gelernt zu delegieren, Sie kennen eine Menge Leute, Sie kennen Ihren Arbeitsbereich, Sie haben eine ziemlich lange Liste von Kunden bzw. Mitarbeitern und Sie haben Wege gefunden, jeden Tag gelassen zu bewältigen.

Vielleicht ist es für Sie auf Grund Ihrer Erfahrung möglich, mit halber Geschwindigkeit zu arbeiten und Ihren Arbeitstag zu reduzieren und trotzdem noch gut zu sein. Dies ist bei einem Freund von mir, einem leitenden Angestellten, der Fall. Scott (nicht sein richtiger Name) arbeitete in einer großen, angesehenen Kanzlei und er liebte seine Arbeit. Auf seinem Gebiet machte ihm niemand etwas vor, trotzdem ließ ihn der Gedanke nicht mehr los, das Leben habe mehr zu bieten als die Freude über eine ausgeklügelte Administration. Er hatte das Gefühl, etwas zu verpassen. Es gab Dinge, die er gerne getan hätte, aber er wollte auch seinen Beruf nicht aufgeben, für den er so hart gearbeitet hatte. Irgendwann wurde ihm klar, dass er in der Kanzlei bleiben und trotzdem Zeit haben konnte, sich für ein in seinen Augen sehr lohnendes Projekt zu engagieren. Wenn Sie ihn jetzt fragen, womit er seinen Lebensunterhalt verdient, antwortet er ein wenig scherzhaft: »Ich versuche, meine Chefs davon zu überzeugen, dass ich noch für sie arbeite.« Doch tatsächlich arbeitet er nur noch die Hälfte seiner Zeit in der Kanzlei, die übrige Zeit widmet er einem neuen Projekt, in dem er den Sinn für seine zweite Lebenshälfte fand.

Ein anderer Bekannter von mir ist Lehrer an einer öffentlichen Schule. Er gehört zu den besten naturwissenschaftlichen Lehrern seines Staates und würde sich gern zurückziehen, aber auch er hat Ziele für seine zweite Lebenshälfte. Eines davon ist, seine administrativen Fähigkeiten für die geschäftlichen Angelegenheiten seiner Gemeinde einzusetzen. Er hat genau wie mein Freund, der Rechtsanwalt, begonnen: immer überlastet, Sechzehn-Stunden-Tag, immer bemüht, der Beste auf seinem Gebiet zu werden. Beide Männer lieben ihre Arbeit und haben nicht den Eindruck, dass sie ihren Beruf aufgeben sollten. Aus diesem Grund nutzen sie die zusätzliche Zeit und Energie, die sie dadurch gewonnen haben, dass sie ihr Arbeitspensum »herunterfuhren« und ihren Arbeitstag begrenzten, um die Ziele zu erreichen, die sie sich für ihre zweite Lebenshälfte gesetzt haben.

Sie sehen, wenn es darum geht, die zweite Lebenshälfte besser zu gestalten als die erste, dann ist es egal, ob Sie Manager mit Millioneneinkommen, hoch bezahlter Rechtsanwalt oder Lehrer sind. Wichtig ist nur, dass Sie entdecken, welche Fähigkeiten Gott Ihnen gegeben hat, damit Sie sie zu seiner Ehre einsetzen können.

Kapitel 13

Sich überschneidende Kurven

»Eines der Paradoxe des Erfolgs ist, dass die Dinge und Wege, die uns an einen Ort geführt haben, nur selten die Dinge und Wege sind, die uns dort halten.«

Charles Handy

Manchmal scheint alles darauf hin zu wirken, uns da festzuhalten, wo wir uns befinden. Darum bleiben so viele Menschen in ihrer ersten Lebenshälfte stecken oder quälen sich bestenfalls in einer nicht enden wollenden Halbzeit ab. Letztlich scheint für viele das Leben in vertrauten Bahnen sehr viel bequemer zu sein, selbst wenn sie ständig die Ahnung bedrängt, dass etwas Besseres »dort draußen« wartet.

Nehmen wir zum Beispiel die Israeliten. Sie sprachen immer von dem Verheißenen Land, aber sie konnten sich nicht überwinden, das vertraute Gebiet Ägyptens zu verlassen. Nicht, dass es in Ägypten so großartig gewesen wäre, aber es war ihnen bekannt: Es war ihre Heimat geworden. Viel zu viele Menschen betrachten heute die erste Lebenshälfte als ihre Heimat.

Viele zeitgenössische Schriftsteller haben interessanterweise erkannt, dass eine solche Phase der Unsicherheit Menschen, die auf ihre Lebensmitte zugehen, lähmt. William Bridges nennt dies die »Neutrale Zone«. Scott Peck nennt sie den »Tunnel des Chaos«. Janet Hagberg spricht von der »4. Phase: Macht durch Reflexion«. Wie immer man diese Zone auch nennen will, sie muss durchquert werden, um in das »Verheißene Land der zweiten Lebenhälfte« zu kommen.

Vielen Leuten gelingt es nicht, diese Zone zu durchqueren, die durch den Schmerz des Verlustes früherer Sicherheiten und durch Verwirrung in Bezug auf das, was als nächstes kommt, gekennzeichnet ist. Grafisch dargestellt sieht das etwa so aus:

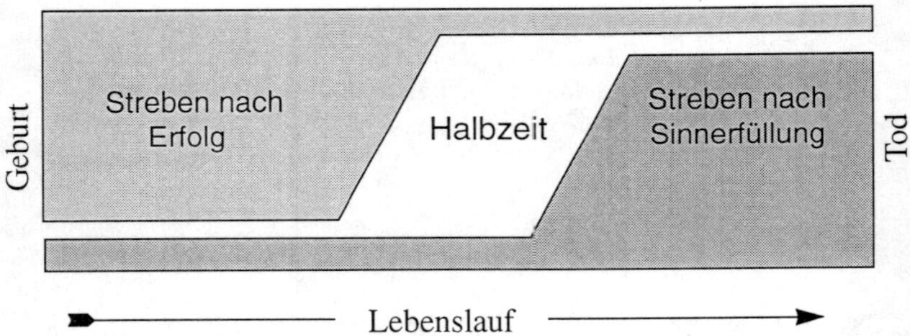

Wenn wir diese Zeit der Unsicherheit vor uns sehen und den Schmerz, das Risiko und die Verwirrung spüren, die eine Veränderung mit sich bringt, neigen wir dazu, uns an das Bekannte zu klammern. Die Zukunft erscheint uns undeutlich und vage und kann nicht im Mindesten mit der Bequemlichkeit und der Sicherheit unserer gegenwärtigen Situation konkurrieren.

Zu dieser Angst vor dem Ungewissen gesellen sich noch sehr reale Fragen, die uns quälen:

- »Wovon sollen wir leben?« (Unser Bedürfnis nach finanzieller Sicherheit);
- »Woher weißt du, dass diese neue Idee auch funktioniert? Das scheint mir alles ein wenig weit hergeholt.« (Vernünftige Freunde, die sich Sorgen um uns machen);
- »Was ist denn eigentlich los? Du bist nicht mehr der Mensch, den ich geheiratet habe!« (Besorgter Partner);
- »Was machst du eigentlich, Daddy?« (Besorgte Kinder).

In seinem sehr informativen Buch *The Age of Paradox* beschreibt Charles Handy diese Spannung in einem Kapitel mit der Überschrift *The Sigmoid Curve* (»Die s-förmige Kurve«). Handy beschreibt das Problem mit dem Satz, den ich zu Beginn dieses Kapitel zitiert habe: »Eines der Paradoxe des Erfolgs ist, dass die Dinge und Wege, die uns an einen Ort geführt haben, nur selten die Dinge und Wege sind, die uns dort halten.«

Handy bietet auch eine Lösung an:

»*Das Geheimnis konstanten Wachstums ist, mit einer neuen sigmoiden Kurve zu beginnen, bevor die andere allmählich zu Ende geht. Der richtige Ort für diese zweite Kurve ist der Punkt A (unten), wo noch Zeit, aber auch Mittel und Energie vorhanden sind, die neue Kurve über die Anfangsschwierigkeiten hinwegzubringen, bevor die erste Kurve nach unten abknickt.*«

Die s-förmige Kurve

Charles Handy,
The Age of Paradox

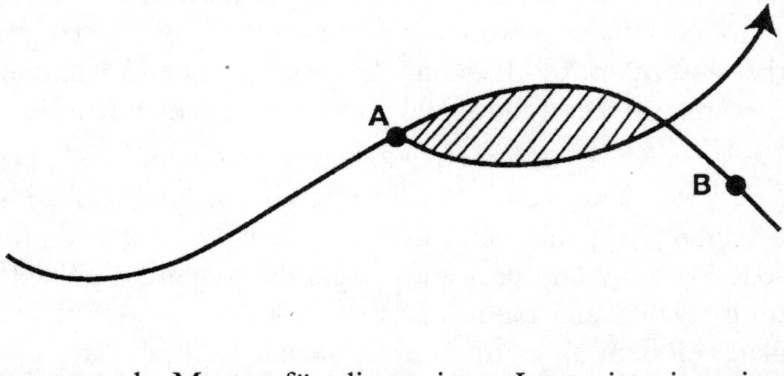

Das normale Muster für die meisten Leute ist eine einzige Kurve, die nach oben ansteigt, wenn wir uns den mittleren Jahren nähern, und kurz vor der Pensionierung scharf nach unten abknickt. Handy empfiehlt den Beginn einer neuen Kurve, vorzugsweise während die erste noch ansteigt, aber ganz bestimmt, bevor sie anfängt, abzuknicken.

Idealerweise sollte das Leben aus einer Reihe sich überschneidender Kurven bestehen. In meinem Leben verliefen die sich überschneidenden Kurven etwa folgendermaßen:

vor dem Abknicken der ersten Kurve		*Beginn der zweiten Kurve*
• Schule	→	• Lehre
• Lehre	→	• Arbeit
• Arbeit	→	• Führungsaufgaben
• Führungsaufgaben	→	• Dienst
• Dienst	→	• Führungsaufgaben im Dienst
• Führungsaufgaben im Dienst	→	• Betreuung verschiedener Dienste

Es ist möglich, in einem dieser Bereiche stecken zu bleiben. Ich kenne Leute meines Alters, die »ewige« Studenten sind. Sie erwerben Titel, wie ich früher Fernsehsender erworben habe. Andere hörten auf, sich weiterzuentwickeln, als die Kurve der »Arbeit« abzuknicken begann. Bevor sie es richtig wahrnahmen, waren sie bereits auf einer abwärts gerichteten Kurve.

Es ist schwierig zu lernen, wie man von seinem Erfolg profitieren kann, ohne von ihm abhängig zu sein und rechtzeitig den Krümmungspunkt der Kurve zu erkennen. Handys s-förmige Kurve zeigt uns, dass alles, sogar die besten Dinge, automatisch irgendwann einmal an diesen Krümmungspunkt gelangen, von dem ab es im Normalfall nur noch abwärts geht. Und die Erkenntnis, dass sie ein für allemal feststecken könnten, ist es, die einige Leute dazu bringt, dem, was sie in der ersten Hälfte ihres Lebens getan haben, entfliehen zu wollen.

Der Schlüssel zum Übergang in die zweite Lebenshälfte könnte der Werbeslogan sein, den ein bekannter Sportartikelhersteller verwendet: »Just do it!« Aber dazu gehört noch mehr. Dazu gehört, es zum richtigen Zeitpunkt zu »tun«, bevor die erste Kurve mit steigender Geschwindigkeit nach unten verläuft. Ich kenne viele Menschen, die diese leise Stimme, die ihnen riet, sich auf etwas Besseres einzulassen, gehört haben und die trotzdem diesen Rat ignorierten. Irgendwann haben sie dann natürlich erkannt, dass die Stimme Recht hatte. Und so manchem fiel ein, wie sehr ihm bewusst war, dass er unbekanntes Territorium hätte betreten müssen, wenn er ihr gefolgt wäre. Meistens waren es Gedanken wie: »Ich warte lieber, bis ich das, was ich gerade tue, abgeschlossen habe«, was ihm half, dem längst fälligen Wechsel auszuweichen. Denn wenn sie ihre Aufgabe dann endlich abgeschlossen hatten, war es meistens zu spät. Sie waren einfach zu müde. Und die Stimme zu leise, als dass sie sie noch hätten hören können.

Peter Drucker hat die Erfahrung gemacht, dass entgegen jeder Erwartung Pensionäre meistens alles andere als bereitwillig sind, wenn es um freiwillige Arbeit für irgendeinen guten Zweck geht. Sie schalten ihren »Motor« ab und verlieren ihre Antriebskraft. Peter ist der Meinung, wenn man im Alter von fünfundvierzig Jahren keine zweite oder parallel verlaufende Aufgabe habe und man sich im Alter von fünfundfünfzig nicht bereits sehr stark engagiere, würde man es nie mehr tun.

Falls Sie diese feine, leise Stimme hören, suchen Sie nicht nach Gründen, um sie zu überhören. Es wird immer Gründe geben zu bleiben, wo man gerade steht. Der Glaube fordert Sie jedoch auf, weiterzugehen.

Kapitel 14

Es wird Zeit zu springen

»Wir müssen das tun,
was wir von der Welt erwarten.«
Mahatma Gandhi

Zu Hause hängt über meinem Schreibtisch ein Schild mit einem Motto, das mir sehr wichtig ist. Es ist gleichzeitig ernst und auch lustig – ernst, wenn man es wörtlich nimmt, lustig, weil es aus der Komödie *The Blues Brothers* stammt. Es lautet: »Im Auftrag Gottes unterwegs.«

In dem Film, in dem Dan Ackroyd und der verstorbene John Belushi ein verrücktes Bruderpaar – Jake und Elwood Blues – gespielt haben, informiert Jake seinen Bruder darüber, dass er im Auftrag Gottes unterwegs sei. Genau wie sie bin ich bereit, für diesen Auftrag einige Hindernisse aus dem Weg zu räumen, und ich möchte Sie einladen, mich dabei zu begleiten und vielleicht einiges, das für Ihr Leben wichtig ist, zu erfahren.

Bisher habe ich mich auf die Gründe konzentriert, warum es gut für Sie ist, Ihre zweite Lebenshälfte bewusst zu planen, damit sie besser wird als die erste. Aber es gibt einen noch viel besseren Grund, nach Wegen zu suchen, Ihre Gaben während der zweiten Hälfte Ihres Lebens der Arbeit für Gott zur Verfügung zu stellen, und dieser Grund ist der *Ewigkeitswert*. Gott hat immer Situationen für seine Kinder bereit, in denen sie erleben können, dass er letztlich in allem Sieger ist. Das macht seine Herrschaft unter uns aus. Was gut für sein Reich ist, ist in der Regel noch besser für jeden Einzelnen von uns.

Während des größten Teils Ihrer ersten Lebenshälfte haben Sie vielleicht vorgehabt, Gott in den Mittelpunkt Ihres Lebens zu stellen, aber immer wieder ist er verdrängt worden. Das scheint manchmal geradezu unausweichlich. Die Anforderungen des Lebens und die Dynamik der jungen Jahre machen es einigen Menschen schwer, eine grundlegende biblische Wahrheit zu verstehen: Um die Größe ihrer persönlichen Bedeutung zu erfassen, müssen sie verstehen und akzeptieren, wie klein sie in Wirklichkeit sind. Während sich in der ersten Lebenshälfte meist alles ums Gewinnen dreht (das manchmal auch zum Verlieren führt), geht es in der zweiten Hälfte viel stärker um das Loslassen und Aufgeben. Beides führt uns zu einer unbekannten inneren Stärke. Das kann allerdings jemand im Alter von sechsundzwanzig vielleicht doch noch nicht richtig nachvollziehen.

Manchmal habe ich mich gefragt, ob es überhaupt sinnvoll ist, meine Geschichte als Beispiel zu gebrauchen. Ich bin tatsächlich in jeder Hinsicht gesegnet worden und ich möchte nicht, dass bei Ihnen die Meinung entsteht, nur reiche Leute könnten eine erfüllte zweite Lebenshälfte erleben. Bitte vergessen Sie nicht: Meine zweite Lebenshälfte läuft nicht deswegen so gut, weil ich über ausreichende Finanzen verfüge, sondern weil ich meine Prioritäten neu festgelegt habe, was mich an manchen Punkten ganz gehörig schlucken ließ. Das war alles andere als leicht für mich und auch für Sie wird es vermutlich nicht leicht sein. Aber *das* hat bei mir den Unterschied bewirkt.

Viele Leute, die meine Vorträge hören, fragen mich häufig, ob es Menschen gäbe, die keine bessere zweite Lebenshälfte erleben können. Mit anderen Worten: Ist es auch einmal zu spät dafür? Ist die zweite Lebenshälfte nur für die obere Mittelklasse und Oberschicht reserviert? Ist sie nur für Männer? Gibt es sie nur für Christen?

Diese Fragen haben mich lange Zeit nicht losgelassen. Irgendwann kam ich zu dem Schluss, dass jeder, der von seinem Leben, so wie es momentan läuft, genug hat, etwas tun kann, um es zu verbessern. Jeder. Ich gestehe, dass ich die Probleme, vor denen Frauen stehen, nicht so ganz nachvollziehen kann, aber ich vermute, dass sowohl Hausfrauen als auch Frauen, die einem Beruf nachgehen, an einen Punkt kommen, an dem sie sich fragen: »Ist das alles?« Meine Antwort an sie würde genauso lauten wie die an die Männer: »Nein, es gibt etwas Besseres.«

Genauso bin ich mir sicher, dass auch jene, die nicht an Christus glauben, eine bessere zweite Lebenshälfte erleben können. Ein Großteil der Literatur, die ich zu diesem Thema gelesen habe, ist von Leuten geschrieben worden, die vermutlich keine Christen sind; zumindest gehen sie bei ihren Ausführungen nicht von einem biblischen Standpunkt aus. Doch die meisten sind übereinstimmend der Meinung, dass der Erfolg irgendwann seinen Glanz verliert und Sinnerfüllung das ist, was wir eigentlich suchen. Der nichtgläubige Mensch findet nach meiner Überzeugung Sinnerfüllung in der Regel in einer Form des Altruismus; der Christ bezieht seinen Altruismus aus der Liebe und der Kraft, die ihm von Gott in Christus tagtäglich angeboten wird.

Bleibt noch die Frage des Alters. Ist es irgendwann einmal zu spät für den Übergang von der ersten Lebenshälfte in die zweite? Was ist mit Leuten, die schon über sechzig sind? Über siebzig? Über achtzig?

Solange wir atmen, ist es niemals zu spät, Verbesserungen vorzunehmen. Der bekannte Schriftsteller Albert Camus hatte die folgende Erkenntnis: »Mitten im Winter stellte ich schließlich fest, dass in mir ein unbesiegbarer Sommer war.« Wir finden unsere Ordnungen und unseren Kompass in uns selbst. »Je mehr du auf deine innere Stimme hörst, desto besser wirst du die Geräusche draußen wahrnehmen«, bemerkte der schwedische Nobelpreisträger Dag Hammarskjöld. »Ich weiß nicht, wer (oder was) die Frage stellte – ich weiß nicht, wann sie gestellt wurde. Ich erinnere mich nicht einmal mehr, geantwortet zu haben. Aber an irgendeinem Punkt sagte ich ›Ja‹ zu jemandem – oder etwas – und von dieser Stunde an war ich sicher, dass die Existenz einen Sinn hat und dass deshalb mein Leben in der Selbstauslieferung einen Sinn hat.«

Ich habe mich entschieden zu glauben, dass es Gott ist, der leise in uns spricht – dass er es ist, der die Frage tief in uns hineingelegt hat. Und wenn wir mit »Ja« antworten, offenbart er uns den Sinn, den er uns gegeben hat; er zeigt uns das Ziel, das er schon immer für uns bereit gehalten hat. Mir gefällt, wie Paulus dies im Epheserbrief ausdrückt: »Seine Geschöpfe sind wir, in Christus Jesu dazu geschaffen, in unserem Leben die guten Werke zu tun, die Gott für uns *im voraus* bereitet hat« (Eph 2,10; Hervorhebung durch den Autor).

Bei einem Fußballspiel ist es nicht möglich, die zweite Spielhälfte zu verlassen und zurück in die erste zu gehen. Aber im Leben ist so etwas möglich und einige tun es sogar. Andere bleiben in der Halbzeit und suchen nach einem neuen Spielplan. Wieder andere versuchen, in der ersten Spielhälfte zu leben, machen aber verschiedene Vorstöße in die zweite. Sie befinden sich in einer Art »unablässiger seismischer Testphase«, spähen über den Graben, springen aber nicht.

Es ist an der Zeit, den Absprung zu schaffen.

In einem früheren Kapitel habe ich Ihnen geraten, Geduld zu haben. Ich hoffe, Sie empfinden es nicht als Widerspruch, wenn ich Ihnen jetzt sage, nicht *zu* geduldig zu sein. Es wäre schon traurig, wenn Sie so weit gekommen wären und sich dann doch wieder an Ihrem Spielplan für die erste Hälfte orientieren würden. Es gibt wirklich so viel mehr für Sie zu gewinnen, wenn Sie Prioritäten setzen und sich dann auf sie konzentrieren.

Warum zögern wir? Ich habe noch nie ausprobiert, eine breite Gletscherspalte zu überspringen und ich kann mir nur vage vorstellen, wie sich ein Bergsteiger vor so einem Sprung fühlen mag. Als Mike Kami mir sagte, was ich tun sollte, nachdem ich das Kreuz in die Waagschale gelegt hatte, wusste ich, dass die belebendste Art weiterzukommen ein gewaltiger Sprung sein würde. Alles andere wäre ein mühsames Hinunter- und Hinaufklettern, mit nur einem Vorteil: immer sicheren, vertrauten Boden unter den Füßen zu haben. Ich würde Angst vor dem Sprung haben, er würde etwas völlig Neues, ja, sogar gefährlich sein – aber er versprach, unvergesslich zu werden und mich auf völlig neues Terrain zu bringen.

Ich wollte nicht springen, aber ich wusste, dass es dran war.

Vielleicht haben auch Sie bereits erkannt, dass es Zeit ist, darum möchte ich diesen Teil mit zwei kurzen Geschichten beschließen – eine von einem Mann, der wusste, dass er springen sollte, jedoch beschloss, lieber auf sicherem Boden zu bleiben; die andere handelt von einem Mann, der gesprungen ist.

Jim wünschte sich nichts sehnlicher, als in die Führungsetage einer großen Firma zu kommen. Er war ein harter Arbeiter und gewohnt zu gewinnen und innerhalb weniger Jahre hatte er sich hochgearbeitet. Doch die Freude war nur von kurzer Dauer. Kurz nachdem er oben angekommen war, musste die Firma Konkurs anmelden. Ich treffe mich regelmäßig mit Jim und nach dem Zusammenbruch der Firma sprach er davon, vielleicht zu lehren oder in den öffentlichen Dienst zu gehen. Er hatte schon alles für den Absprung vorbereitet und er meinte es offensichtlich ernst damit, einige tiefgreifende Veränderungen in seinem Leben vorzunehmen. Heute arbeitet er jedoch verbissener als je zuvor in einer leitenden Position einer anderen Firma.

Jim hatte die leise Stimme gehört, die zu ihm sagte: »Es ist Zeit«, aber er hat nicht auf sie gehört. Er konnte sich nicht überwinden zu springen.

Jack war ein erfolgreicher Geschäftsmann, der die Begabung hatte, mehr Geld zu verdienen, als er jemals in seinem Leben würde ausgeben können. Er liebte seine Arbeit, doch als er in die mittleren Jahre kam, verspürte er den Wunsch, einen Weg vom Erfolg zur Sinnerfüllung zu finden. Seine »seismischen Tests« deuteten an, dass er in den christlichen Dienst gehen sollte, und so begann er, nach einem Weg zu suchen, seine Fähigkeiten in diesem Bereich einzusetzen. Über längere Zeit hinweg beobachtete er, dass einige der Unternehmen, mit denen er geschäftlich zu tun gehabt hatte, mit ihrem Geld gern einen guten Zweck unterstützen würden. Doch meistens hatten sie weder Zeit noch Personal, um sinnvolle, förderungswürdige Projekte auszusondieren. Und genau diese Arbeit nahm Jack ihnen ab. Er gründete eine Firma, die großen Unternehmen und reichen Einzelpersonen hilft, ihr Geld sinnvoll in wohltätige Zwecke zu investieren. Jack sucht nach neuen, ideenreichen Hilfsprojekten und unterstützt sie mit dem Geld seiner Klienten. Die Spender bleiben anonym; sie freuen sich jedoch an dem, was ihr Geld noch zu ihren Lebzeiten bewirkt.

Jack stand vor einer gewaltigen Gletscherspalte und er sprang mit Zuversicht – auf die andere Seite seines Lebens.

Was hält Sie davon ab, es ihm gleich zu tun?

Teil III

Die zweite Spielhälfte

»Wenn sich jemand zuversichtlich
in die Richtung seines Traums bewegt
und sich bemüht, das Leben zu führen,
das er sich vorgestellt hat,
wird er unerwarteten Erfolg haben.
Er wird eine unsichtbare Grenze überschreiten;
neue, universelle und liberalere Gesetze
werden sich um und in ihm festsetzen
und er wird mit der Lizenz
einer höheren Ordnung des Seins leben.«

Henry David Thoreau

Kapitel 15

Lebensaufgabe

»Was mir wirklich fehlt, ist eine klare Vorstellung von dem, was ich tun soll, nicht, was ich wissen soll [...]. *Wichtig ist, mich selbst zu verstehen, zu erkennen, was Gott von mir erwartet* [...], *die Idee zu finden, für die ich leben und sterben kann.«*

Sören Kierkegaard

Als ich mich den Jahren näherte, die man gemeinhin die Mitte des Lebens nennt, bekam ich interessanterweise immer mehr den Eindruck, mich den Fragen und Überlegungen zu stellen, die eher in das Gebiet des Ewigen als des Zeitlichen fielen. Und als ich dann meine absolute Priorität entdeckte und begann, mein Leben nach ihr auszurichten, fühlte ich mich in einem noch nie gekannten Maß im Einklang mit dem, was wohl die eigentliche Bestimmung meines Lebens war. Ich wollte erleben, wie Gott durch mein Leben erntet: 100 fach wenn möglich, ganz so, wie ich es auf meinen fiktiven Grabstein geschrieben hatte.

Aber es reicht nicht aus, nur das Gefühl zu haben, etwas Sinnvolles tun zu können. Die neu entdeckte Entschlossenheit, die dadurch entsteht, dass man seine absolute Priorität entdeckt, wird verblassen, wenn man sie nicht zielorientiert zum Zuge kommen lässt. Sehr wahrscheinlich war Ihre erste Lebenshälfte angefüllt mit guten Absichten, die Ihrer Glaubensüberzeugung entsprangen. Sie wollten ein besserer Vater, Ehemann, Christ und Gemeindemitglied sein; Sie wollten vielleicht ein Zeichen in der Welt setzen. Und vermutlich haben Sie auch diesen Erwartungen entsprechend gelebt. Und doch kann es sein, dass Sie feststellten: Etwas muss gefehlt haben, da alle Ihre guten Absichten diesen unbewussten Wunsch nach Sinnerfüllung irgendwie nicht erfüllen konnten.

In diesem Fall hatten Sie den richtigen Instinkt, aber sahen keinen Weg, diesen Wunsch umzusetzen.

In letzter Zeit haben viele Geschäftszweige und Organisationen Aussagen zu ihrer Lebensaufgabe, ihrer Vision oder ihrem *Mission Statement* gemacht, die erklären sollen, warum ihre Firma existiert und was sie zu erreichen hofft. Solche Aussagen sind in der Regel gut formuliert, leicht verständlich und einfach. Eine Zielvorgabe wird, wie ein Beraterteam in der *Harvard Business Review* einmal schrieb, »zum magnetischen Nordpol, dem Brennpunkt« des Unternehmens. Alles, was diese Firma tut, deutet in diese Richtung.

Eine Aussage zur *persönlichen* Lebensaufgabe zu formulieren, macht Sinn, vor allem für Menschen, die in die zweite Lebenshälfte eingetreten sind. Während der ersten Hälfte hatten Sie in vielen Fällen entweder nicht die Zeit, eine solche Aussage zu formulieren, oder sie wurde Ihnen mehr oder weniger von der Firma, für die Sie gearbeitet haben, und ihren äußeren Lebensbedingungen vorgegeben. Es war nicht Ihre eigene, was sich sehr schnell daran zeigt, ob Sie diese Zielvorgaben nun auch noch Ihre zweite Lebenshälfte bestimmen lassen wollen.

Nach meiner Überzeugung werden Sie in Ihrer zweiten Lebenshälfte keine Sinnerfüllung finden, wenn Sie Ihre Lebensaufgabe nicht kennen. Können Sie Ihr Ziel in einem oder zwei Sätzen formulieren? Ein guter Weg, eine solche Aussage zu verfassen, ist, mit einigen Fragen zu beginnen (und vollkommen ehrliche Antworten zu geben). Was ist Ihre Leidenschaft? Was haben Sie erreicht? Was haben Sie ungewöhnlich gut gemacht? Wer sind Sie eigentlich? Wo gehören Sie hin? Welche Dinge hätten Sie in Ihrer ersten Lebenshälfte gern gemacht?

Diese und andere Fragen werden Ihnen Klarheit verschaffen über Ihre innersten Sehnsüchte; sie werden Ihnen helfen, die Aufgabe zu entdecken, für die Sie genau der (oder die) Richtige sind.

Stephen R. Covey, Autor von *The Seven Habits of Highly Effective People*, schlägt vor, dass Sie sich bei der Formulierung Ihrer persönlichen Lebensaufgabe auf das konzentrieren sollten, was Sie sein und tun möchten. Dabei sollten Sie auf die Wertvorstellungen und Prinzipien achten, die Ihre Worte und Ihr Handeln bestimmen. »Das Zentrum unseres Lebens wird die Quelle sein, bei der wir Sicherheit, Führung, Rat und Kraft suchen«, schreibt Covey.

Meine persönliche Lebensaufgabe umfasst nur wenige Worte. Ihre ist vielleicht länger. Eine der originellsten (und längsten) Aussagen, die ich kenne, wurde von Andrew Carnegie im Alter von dreiunddreißig Jahren formuliert. Sicher ist nicht jeder in der Lage, in so jungen Jahren eine solch detaillierte und vor allem von den Finanzen unabhängige Planung aufzustellen wie Carnegie, aber sie zeigt uns, dass die Suche nach Sinnerfüllung nicht nur für unser 20. Jahrhundert charakteristisch ist. Lesen Sie, wie der Entwurf für den Rest seines Lebens aussieht, die er noch im 19. Jahrhundert in sein Tagebuch geschrieben hat:

> *»Dreiunddreißig und ein Einkommen von 50 000 Dollar im Jahr. In zwei Jahren kann ich alle meine Geschäfte so einrichten, dass ich mich nicht bemühen muss, mein Einkommen zu erhöhen, aber den Überschuss jedes Jahr für wohltätige Zwecke spenden kann. Ich lasse mich in Oxford nieder und erwerbe mir eine hervorragende Ausbildung, mache die Bekanntschaft von gelehrten Männern. Dies wird drei Jahre aktive Arbeit in Anspruch nehmen. Ich werde besonders darauf bedacht sein, häufig in der Öffentlichkeit zu sprechen. Dann lasse ich mich in London nieder und beteilige mich finanziell an einer Zeitung oder Zeitschrift und*

widme mich ihrer Leitung, engagiere mich für öffentliche Angelegenheiten, vor allem im Zusammenhang mit Bildung und Verbesserung der Situation der ärmeren Gesellschaftsschichten. Der Mensch muss ein Vorbild haben – die Ansammlung von Reichtum ist eine der schlimmsten Arten von Götzendienst. Kein Götze ist schlimmer als die Anbetung des Geldes. Wo immer ich mich engagiere, muss ich mit ungeteiltem Herzen dabei sein, darum sollte ich wirklich sorgfältig darauf achten, dass das Leben, das ich führen werde, sehr erfüllend ist. Mich noch länger von meinen Geschäften bestimmen zu lassen und mit allen meinen Gedanken nur darauf konzentriert zu sein, wie ich in der kürzesten Zeit noch mehr Geld machen kann, wird mich so herunterziehen, dass keine Hoffnung mehr auf Genesung besteht. Ich werde mein Geschäft mit fünfunddreißig aufgeben, aber in den zwei Jahren bis dahin möchte ich die Nachmittage damit verbringen, mir Wissen anzueignen und systematisch zu lesen.«

Nun, aus den zwei Jahren wurden drei Jahrzehnte, bis Carnegies Vision von einem Leben des Dienstes sich erfüllte. Und trotzdem war sein Beitrag schließlich hundertfach höher, als er ursprünglich geplant hatte. Was er bei seiner ersten Laufbahn, dem Aufbau der amerikanischen Stahlindustrie, verdient hatte, investierte er bis zu seinem Tod im Jahre 1920 in sein großes soziales Engagement. Dabei setzte er 90 % seines Vermögens ein.

Natürlich muss nicht jede Formulierung einer Lebensaufgabe so lang sein wie die von Carnegie. Meine z. B. ist relativ kurz. Ich sehe mich gern als einen strategischen Makler – als jemanden, der die Fähigkeiten besitzt, einen anderen Menschen, der ein Problem erkennt, mit jemandem zusammenzubringen, der dieses Problem lösen kann. Das sind meine speziellen Fähigkeiten, genau das habe ich in meinem Unternehmen getan; meine Lebensaufgabe steht also in sehr engem Zusammenhang mit dieser besonderen Begabung. Auf einen Nenner gebracht lautet sie: Den amerikanischen Christen helfen, ihre im Verborgenen schlummernden Energien zu wecken und sie dann aktiv einzusetzen.

Und das macht mir Freude; so bekommt mein Leben einen Sinn. Es macht mich frei, ich selbst zu sein – die Gaben einzusetzen, die bereits vorhanden sind. Ich muss nicht etwas tun, bei dem ich mich unbehaglich fühle oder das mir fremd ist. Wenn auch Ihre Lebensaufgabe mit Ihrer Begabung übereinstimmt, dann ist sie richtig für Sie. Wenn sie Sie zu etwas zwingt, das nicht zu Ihnen passt, ist es wahrscheinlich eher die Aufgabe eines anderen.

In engem Zusammenhang mit Ihrer Lebensaufgabe stehen die Dinge, die Ihnen in Ihrem Leben wichtig sind. Eine der Konsequenzen bei meinem Übergang in die zweite Lebenshälfte ist, dass ich mein Leben nicht mehr in Zielen organisiere. Ich setze Prioritäten. Diese Prioritäten helfen mir, auf meine Lebensaufgabe ausgerichtet zu bleiben. Ich möchte sie Ihnen mitteilen, nicht, weil sie so besonders wichtig wären, sondern weil sie Ihnen vielleicht Mut machen, selbst auch eine Prioritätenliste für Ihre Lebensaufgabe zu erstellen:

1. Jesus Christus nimmt die erste Stelle in meinem Leben ein. Ich möchte meine Gaben voll und ganz in seinen Dienst stellen.
2. Meine Ehe nimmt die zweite Priorität ein; ich bin verheiratet, bis dass der Tod uns scheidet.
3. Ich setze einen Großteil meiner Zeit und meines Geldes für eine Reihe von sich überschneidenden Unternehmungen ein, die amerikanischen Christen helfen sollen, sich mehr als je zuvor einsetzen zu können.
4. Ich möchte die Talente, die mir anvertraut sind, effektiv verwalten.
5. Ich möchte zehn Menschen ein guter Freund sein.

6. Ich möchte in der zweiten Hälfte meines Lebens eine richtige »Renaissance« in meinem persönlichen Leben erfahren.
7. Ich möchte mich mehr und mehr für andere Menschen einsetzen, wobei mir die Erfahrung hilft, dass ich letztlich bei allem Engagement der Beschenkte bin. Das hilft mir über manche Frustration und Durststrecke hinweg

Noch ein letzter Rat in Bezug auf die Formulierung Ihrer Lebensaufgabe für die zweite Lebenshälfte. Peter Drucker weist darauf hin, dass zwei wichtige Fragen Ihnen helfen können, die einzigartige Rolle zu erkennen, die Gott für Sie bereithält. Die Fragen lauten:

1. Was haben Sie erreicht? (Kompetenz)
2. Was ist Ihnen wichtig? (Leidenschaft)

Das Ziel ist, etwas zu finden, das auf beide Fragen eine ausreichende Antwort gibt – etwas, in dem Sie wirklich gut sind und das Ihnen Freude macht. Vielleicht können Sie gut mit Menschen umgehen, lieben aber die Einsamkeit. Falls Sie sich auf das Erste konzentrieren, wird das Zweite gegen Sie arbeiten. Aber wenn Sie tief genug in sich hineinhorchen und aufrichtig Ihre Fähigkeiten mit Ihren Vorlieben *kombinieren* wollen, werden Sie die Aufgabe finden, die auf Sie zugeschnitten ist.

Eine ausgezeichnete Hilfe zur Entdeckung Ihrer Lebensaufgabe ist das Buch »Jobhunting: Ein Handbuch für Einsteiger und Aufsteiger« von Richard N. Bolles. Als ordinierter Priester der episkopalen Kirche begann Bolles, ein Buch zu schreiben, als er von seiner Gemeinde in San Francisco von seinen Aufgaben entbunden wurde – vermutlich das Beste, das ihm je passieren konnte, obwohl ihm dies zu jener Zeit natürlich nicht so vorkam. Im Laufe der Jahre hat Bolles das Buch immer wieder überarbeitet und aktuelle Erfahrungen eingebracht. Die augenblickliche Ausgabe enthält ein Kapitel mit der Überschrift: »Wie Sie Ihre Lebensaufgabe finden können«.

Nehmen Sie sich heute, morgen oder im Laufe der Woche einmal Zeit, setzen Sie sich mit Papier und Bleistift hin und machen Sie Listen: Dinge, die Sie in Ihrer zweiten Lebenshälfte tun wollen; Dinge, die Sie mögen; irgendwelche Lebensweisheiten, Zitate und »weise« Sprüche, die Ihr wahres Ich widerspiegeln; Aussagen, die Ihre Glaubensüberzeugungen mit dem kombinieren, was Sie mit dem Rest Ihres Lebens anfangen wollen.

Nachdem Sie diese Listen erstellt haben, beten Sie. Lesen Sie, was Sie geschrieben haben. Überlegen Sie. Hören Sie zu. Sprechen Sie mit Ihrer Partnerin/Ihrem Partner oder einer kleinen Gruppe von Freunden über das, was Sie geschrieben haben. Legen Sie das Blatt danach in eine Schublade. Beten Sie noch mehr. Hören Sie viel zu. Denken Sie über das nach, was Sie am liebsten tun, und gehen Sie diesen Gedanken immer wieder in aller Gelassenheit nach. Für etwas Derartiges haben Sie sich in Ihrer ersten Lebenshälfte vielleicht niemals die Zeit genommen – genießen Sie es!

Holen Sie sich etwa eine Woche später ein neues Blatt Papier. Schreiben Sie die folgenden Worte als Überschrift:

Meine Lebensaufgabe

Ich denke, Sie wissen nun, was Sie als nächstes tun sollten.

Kapitel 16

Die Kontrolle zurückerobern

»Bevor nicht ein Mensch die Verantwortung für seine Arbeit und seine Freizeit übernimmt, wird er beides enttäuschend finden.«

Mihaly Csikszentmihalyi

Der Präsident einer großen Verlagsgruppe suchte einmal einen bekannten Zen-Meister auf. Nachdem er ihm sein Herz ausgeschüttet hatte, ohne dass dieser groß darauf reagiert hätte, beschloss er, einen Augenblick zu schweigen. Der Zen-Meister goss Tee in eine dieser kunstvoll dekorierten Teeschalen, bis der Tee überfloss und ins Gras floss. Verwirrt fragte der Verleger den Zen-Meister, warum er das mache, worauf ihm der Zen-Meister zur Antwort gab: »Dein Leben ist wie diese Teeschale; es fließt über. Es gibt keinen Raum für etwas Neues. Du musst ausgießen, nicht noch Neues aufnehmen.«

Jeder von uns kann über zwei Arten von Kapital verfügen. Das *wirtschaftliche* Kapital ist das Geld und die freie Zeit zur Erholung, die Sie sich durch Ihre Arbeit verdienen. Es wird größtenteils für den Lebensunterhalt und was man sonst noch so braucht ausgegeben. Das *soziale* Kapital ist die zur Verfügung stehende Zeit, das Geld und das Wissen, das Sie wieder in die Gemeinschaft investieren, von der Sie getragen wurden.

Zwar denken die meisten nur daran, ihr Geld für ihr eigenes »Glück« auszugeben, doch der Begriff des sozialen Kapitals bedeutet im Grunde genommen, dass Gott jedem von uns einen bestimmten Anteil an Zeit, Talent und Vermögen zur Verfügung gestellt hat, den wir nicht nur für uns selbst »verbrauchen« können. Für uns als Christen versteht es sich von selbst, den Großteil des sozialen Kapitals dafür einzusetzen, das eine große Gebot Gottes in unserem Leben immer mehr Wirklichkeit werden zu lassen: »Du sollst den Herrn, deinen Gott lieben ... und deinen Nächsten wie dich selbst.«

Ein großes Ziel einer effektiven zweiten Lebenshälfte ist, Kapazität zu schaffen. Um auf die Geschichte zu Beginn dieses Kapitels zurückzukommen: Auch meine »Tasse« floss über. Ich musste Kapazitäten schaffen, indem ich einen Großteil meiner Zeit zurückerwarb und das meiste meiner Finanzen flüssig machte, um beides in soziale Zwecke zu investieren. Mit einem Satz: Ich musste mein wirtschaftliches Kapital in soziales Kapital umwandeln.

Wenn Sie den Aktienmarkt ein wenig verfolgt haben, kennen Sie vielleicht den Namen Peter Lynch. Peter ist ein herausragendes Beispiel für jemanden, der wirtschaftliches Kapital in soziales Kapital umgewandelt hat. Als Chefmanager des *Investments' Magellan Fund* vergrößerte er während seiner dreizehnjährigen Führung das Anlagekapital von zwanzig Millionen auf vierzehn *Milliarden* Dollar. Er hatte alles: einen großartigen Job, eine wunderbare Familie und ganz nebenbei eine richtige Erfüllung in seiner Arbeit mit Wohltätigkeitsvereinen. Und doch beschloss er mit sechsundvierzig Jahren, seine Zeit, die er auf seine Arbeit verwendete, zu begrenzen, damit er die Kontrolle über sein Leben wieder in die Hand bekam.

Lynch war zu der Erkenntnis gelangt, die jedem von uns irgendwann einmal dämmert: Ich kann so nicht weiterleben. Nicht, dass seine Arbeit nicht gut gewesen wäre. Tatsächlich war sie sogar sehr gut. Aber wie er erklärte: »Für mich war das wie ein Schokoladenfondue: Wie viel kann man davon essen, ohne Bauchschmerzen zu bekommen?« Er geht nun erst um acht Uhr zur Arbeit, nachdem seine Kinder das Haus verlassen haben. Er arbeitet nur an vier Tagen pro Woche (zwei für seine

Anlagegesellschaft, zwei für Wohltätigkeitsvereine) und der Montag ist vollständig seiner Frau gewidmet.

Die meisten Menschen, die sich in der ersten Spielhälfte befinden, werden Opfer der »Fliehkraft«. Überall in ihrem Leben sehen sie Bereiche, die ihre ganze Aufmerksamkeit fordern: Familie, Arbeit, Gemeinschaft (Vereine, Schule etc.), Gemeinde, berufliche Entwicklung, Freizeitaktivitäten und Nebenbeschäftigungen. Sie beginnen mit dem guten Vorsatz, jedem die nötige Aufmerksamkeit zu schenken, aber um das zu tun, müssen sie in einen höheren Gang schalten. Es dauert nicht lange und sie drehen sich nur noch an der Peripherie ihres Lebens. Sie werden immer weiter vom Zentrum fortgetrieben, dem Kern ihres eigentlichen Ichs. Es kommt der Moment, in dem sie schließlich die Kontrolle vollständig verloren haben.

In der zweiten Lebenshälfte geht es darum, die Kontrolle Ihres Lebens wieder zurückzuerobern. Denken Sie, Peter Lynch sei es leicht gefallen, den Kollegen in seiner Investmentgesellschaft zu sagen, er würde ihre überaus profitablen Aktien und Anlagegelder nicht mehr länger verwalten? Er war in der Lage, dies zu tun, weil er wusste, dass seine Unfähigkeit, sein Arbeitsleben unter Kontrolle zu halten, früher oder später zu einem weit größeren Verlust in den anderen, ihm wichtigen Bereichen seines Lebens führen würde.

Zum Zentrum zurückzukommen erfordert, dass wir zurückschalten, langsamer werden. Und wenn wir erst zum Kern zurückgekehrt sind – wenn wir erst einmal wieder wissen, wer wir sind und wo unsere Prioritäten liegen –, können wir die Tatsache akzeptieren, dass einige der Dinge an der Peripherie zwangsweise nicht mehr so viel Aufmerksamkeit bekommen werden wie früher. Einige Dinge werden wichtiger sein als andere; einige müssen vielleicht ganz ignoriert werden. Aber ungeachtet dessen, was bleibt und was verworfen wird: Wichtig ist, dass wir diese Entscheidung nicht mehr länger von anderen treffen lassen. Wir schaffen Kapazität für Dinge, die wirklich wichtig sind.

Wenn dies in Ihren Ohren sehr radikal klingt, dann kann das auch daran liegen, dass wir die erste Generation sind, die düberhaupt in der Lage ist, selbst entscheiden zu können, was wir mit unserer zweiten Lebenshälfte anfangen wollen. Ihre Eltern waren vermutlich ähnlich wie mein Schwiegervater, der bis zu seiner Pensionierung als leitender Angestellter in einer internationalen Ölzulieferfirma tätig war. Für ihn war es wichtig, im Arbeitsprozess zu bleiben, um die eigene medizinische und zahnmedizinische Versorgung zu gewährleisten und die Sozialleistungen nach der Pensionierung zu erhalten, die denen zustehen, die lange Zeit in einem der großen Unternehmen tätig waren. Die meisten Leute in der Generation unserer Eltern hatten, was Autor Charles Handy als »Vollbeschäftigung« bezeichnet: vollzeitliche Arbeit in mittleren bis großen Betrieben bei gutem Gehalt und attraktiven Sozialleistungen.

So wird es in Zukunft nicht mehr sein. Jeden Tag wird in den Medien berichtet, dass die großen, aber auch kleinere Firmen immer mehr Menschen, Arbeiter wie Angestellte, entlassen. »Verkleinern«, »umorganisieren«, »*lean production*« sind die gegenwärtigen Schlagworte in der Unternehmenswelt.

In seinem Buch *The Age of Unreason* behauptet Charles Handy, dass die Leute in Zukunft nur noch etwa die Hälfte ihrer Zeit auf einen festen Beruf verwenden und die andere Hälfte für »Portfolio-Arbeit«, wie er es nennt, einsetzen würden: Teilzeitarbeit, Beratungstätigkeit und zeitlich begrenzte Arbeit für eine Reihe von Arbeitgebern. Unser Kabelfernsehsender zum Beispiel hat in etwa zwei Jahren über 7 000 Kilometer Kabel verlegt und größtenteils kleine Subunternehmer damit beauftragt, die Konzessionen zu erwerben, die Systeme aufzuzeichnen, die Kabel zu verlegen, Interessenten zu finden und sie an das Netz anzuschließen.

Alle diese Entwicklungen machen es mehr denn je möglich, ein sinnerfülltes Leben in der zweiten Spielhälfte zu führen. Die Menschen haben mehr Freiheit als je zuvor zu wählen, was sie tun möchten, und sogar die Möglichkeit, die

Arbeit einzuschränken, die sie zwingt, die ganze Zeit auf Hochtouren zu laufen.

Und doch gilt: Zu einer fruchtbaren zweiten Lebenshälfte gehört mehr, als einfach nur herunterzuschalten oder die Kontrolle über den eigenen Terminkalender zurückzubekommen. Es hat mit Entschlossenheit zu tun, mit einem inneren Kompass, der auf die Dinge konzentriert ist, die mit der eigenen Persönlichkeit zusammenhängen. Der Psychologe Mihaly Csikszentmihalyi hat fünfundzwanzig Jahre damit zugebracht, herauszufinden, was Menschen glücklich macht. Er stellte fest, dass Glück nicht etwas ist, das einfach nur »passiert«. Auch hat es nicht viel mit Geld, Macht oder materiellen Besitztümern zu tun, wie durch die Tatsache bewiesen wird, dass Glück sowohl unter Armen als auch unter Reichen, unter Mächtigen und Schwachen zu finden ist. Csikszentmihalyi macht deutlich: »Menschen, die ihre innere Erfahrung kontrollieren, werden in der Lage sein, die Qualität ihres Lebens selbst zu bestimmen. Näher kann keiner von uns dem Glück kommen.«

Ich weiß nicht, ob Mr. Csikszentmihalyi Christ ist oder nicht, aber im christlichen Glauben gibt es vieles, das diese Aussage stützt. Jesus Christus hat uns gelehrt, wie Kinder zu sein (sorglos), uns keine großen Sorgen zu machen (uns nicht von Bedürfnissen und Besitz kontrollieren zu lassen) und uns nicht von vielen Herren regieren zu lassen. Und in seinem Brief an die Römer erklärt Paulus, wie wichtig es ist, den inneren Menschen zu kontrollieren, um ein erfülltes Lebens zu führen:

> »Denn alle, die vom Fleisch bestimmt sind, trachten nach dem, was dem Fleisch entspricht, alle, die vom Geist bestimmt sind, nach dem, was dem Geist entspricht. Das Trachten des Fleisches führt zum Tod, das Trachten des Geistes aber zu Leben und Frieden« (Röm 8,5-6).

Die Ironie hier ist, dass die Gemeinde Gottes vielerorts einer jener »Herren« geworden ist, an die sich viele Menschen in der ersten Lebenshälfte hilflos gebunden fühlen. Die Freude, die aus dem Dienst an anderen im Namen Christi kommen sollte, fehlt häufig, weil wir vieles, das wir für die Gemeinde tun, aus einem Gefühl der Verpflichtung heraus tun. Und der Grund dafür ist meines Erachtens, dass wir – wie viele Menschen in der ersten Lebenshälfte – noch nicht entdeckt haben, wer wir sind, was wir gern tun und wie sogar die am wenigsten wünschenswerte Aufgabe zu einer befreienden und belebenden Erfahrung werden kann, wenn wir sie aus vollem Herzen heraus tun. Für die meisten Menschen ist die Arbeit für die Gemeinde kein Eis mit heißer Himbeersoße, sondern Leber und Spinat (die sie als Kind immer hassten).

Wenn Sie Ihre Lebensaufgabe erst einmal gefunden haben, sind Sie viel besser in der Lage, das von Ihnen erwartete Engagement in der Gemeinde zu hinterfragen. Anstatt wieder einmal missmutig ein Wochende bei irgendeinem Gemeindeeinsatz »abzuleisten«, könnten Sie Ihr »Licht« leuchten lassen, indem Sie sich regelmäßig mit Arbeitskollegen oder Leuten aus Ihrer Branche zu einem Gesprächsaustausch treffen, der durchaus auch mit Kartenspielen oder einer sportlichen Aktivität beginnen kann.

Es ist ermutigend zu sehen, wie einige Gemeinden sich in letzter Zeit doch mehr darum bemühen, die Gaben und Neigungen des Einzelnen mit seinem Dienst in der Gemeinde in Einklang zu bringen. Robert Bellah, Mitautor des Bestsellers *Habits of the Heart*, nennt dies die Aufgabe der »vermittelnden Institutionen«. Viele Gemeinden beschäftigen Leute, die Menschen helfen sollen zu erkennen, wie sie sich am besten nach ihren Gaben und Neigungen in ihre Gemeinde einbringen können. Die *Park Cities Presbyterian Church* hier in Dallas hat zum Beispiel vor kurzem ein Projekt gestartet, in dem bereits mehr als 2 500 unterschiedliche Bereiche entwickelt wurden, in denen sich die Menschen engagieren können. Die *Willow Creek Community Church* in Chicago hat ein Programm entwickelt, das den Leuten helfen soll, sich selbst und ihre Fähigkeiten zu entdecken und sich in angemessener Weise zu engagieren. (D.I.E.N.S.T. Dienen im Einklang von Neigungen, Stärken und Talenten, Projektion J, 1996) Dieses Programm wird mittlerweile von vielen Gemeinden in ganz Amerika und in den deutschsprachigen Ländern angewendet.

Wenn die Christen in ihrer zweiten Lebenshälfte Fortschritte bei der Erfüllung ihrer Lebensaufgabe machen wollen, werden immer mehr Gemeinden die oben beschriebenen oder ähnliche Ansätze übernehmen müssen, um den Menschen zu helfen, ihr Betätigungsfeld zu finden. Auch in meinem *Leadership Network* arbeitet eine Gruppe von Leuten daran, ein fünftägiges Trainingsprogramm für Gemeinden zu erstellen, um den Verantwortlichen zu helfen, die Gaben ihrer Gemeindemitglieder zu entdecken.

In die Praxis umsetzen

Es ist eine Sache, darüber zu sprechen, die Kontrolle wieder zurückzugewinnen, aber eine andere ist es, das auch wirklich zu tun. Gerade alte Angewohnheiten, die man mit einem Anstrich des Neuen und der Hoffnung auf eine frische Lebendigkeit versehen hat, sterben nur langsam. Nachfolgend möchte ich einige Dinge an Sie weitergeben, die ich getan habe, um die Kontrolle über mein Leben zurückzugewinnen:

1. *Delegieren Sie* – am Arbeitsplatz, beim Spiel, zu Hause. Sie können nicht alles alleine tun und sollten es auch gar nicht versuchen. Das gilt vor allem für die, die auch in der zweiten Lebenshälfte ihren Job beibehalten müssen, ihn aber mit »halber Geschwindigkeit« ausüben wollen. Arbeiten Sie effektiver, nicht mehr.
2. *Tun Sie, was Sie am besten können; lassen Sie den Rest sein.* Ich neige dazu, ein Visionär, ein Planer zu sein, da-

rum bin ich bei der praktischen Ausarbeitung weniger motiviert, obwohl ich es auch kann und bereits getan habe. Aber jetzt nicht mehr. Konzentrieren Sie sich auf Ihre Stärken.

3. *Sie müssen wissen, wann Sie »Nein« sagen müssen.* Je erfolgreicher Sie sind, desto mehr werden Sie gebeten, anderen zu helfen. Lassen Sie sich nicht von anderen überreden, etwas zu tun, das Sie nicht tun wollen oder für das Sie keine Zeit haben; es wird Ihnen nur zur lästigen Pflicht werden. Sie wollen und sollen nur Ihre eigene Lebensaufgabe erfüllen, nicht die eines anderen.
4. *Setzen Sie Grenzen.* Wenn Sie regelmäßig durchschnittlich vier Termine pro Tag haben, kürzen Sie sie auf zwei oder drei. Wenn Sie normalerweise eine Überstunde pro Tag machen, gehen Sie rechtzeitig nach Hause. Wenn Sie im Jahr zwölf Geschäftsreisen unternehmen, beschneiden Sie die Anzahl auf sechs bis acht. Widmen Sie Ihre Zeit Ihrer Aufgabe und den Themen, die Ihnen wichtig sind.
5. *Schützen Sie Ihre persönliche Zeit, indem Sie sie auf Ihren Terminkalender setzen.* Mir gefällt Ken Blanchards Rat, den Tag langsam angehen zu lassen. Es ist sehr viel leichter, die Kontrolle über Ihr Leben zu behalten, wenn Sie eine regelmäßige Zeit der Stille für sich haben. Diese Zeit sollte mehr sein als eine Andacht, obwohl auch Bibellesen und Gebet dazugehören. Lassen Sie Zeit für absolute Stille, in der Sie ganz bewusst Ihr Leben überdenken können, um zu sehen, ob es sich im Gleichgewicht befindet. Für mich ist dies vermutlich die wichtigste Aktivität, wenn ich die Kontrolle über mein Leben behalten will.
6. *Arbeiten Sie mit Menschen, die Sie mögen.* Karol Emmerich, der vor einem Jahr seinen Posten als Schatzmeister der *Dayton-Hudson* aufgegeben hat, sagt: »Ich möchte Leute finden, mit denen ich gern zusammen bin und mit denen ich eine wohltätige Arbeit, die wir zusam-

men tun können, anpacken kann. In meiner zweiten Lebenshälfte möchte ich mit Leuten arbeiten, die meinem Leben Energie geben, und mir nicht noch welche rauben.«

7. *Stellen Sie Terminpläne auf.* Ihre Aufgabe ist wichtig und verdient daher Ihre Aufmerksamkeit und Fürsorge. Wenn Sie die Träume Ihrer zweiten Lebenshälfte nicht auf einen Terminkalender setzen, werden sie sehr schnell zu unerfüllten Wünschen verkommen.

8. *Verkleinern Sie.* Als Thoreau in eine Hütte am *Walden Teich* zog, deckte er die unwichtigen Dinge in seinem Leben auf. Denken Sie an die ganze Zeit und Energie, die der Besitz eines Bootes in Anspruch nimmt, ein Landhaus, ein zweiter oder dritter Wagen, die Mitgliedschaft in einem *Country Club.* Keines dieser Dinge ist an sich schlecht und soll ja Freude in Ihr Leben bringen, aber sie können es sehr leicht schaffen, uns meisterhaft zu kontrollieren. Die meisten Leute in meinem Bekanntenkreis, die ein Boot besitzen, sind der Meinung, sie müssten es auch benutzen, damit sich die Investition lohnt. Ich kenne auch Leute, denen es eigentlich gar nicht so viel Freude macht, vier Stunden auf dem Golfplatz zu verbringen, aber sie tun es, weil sie dem Golfclub angehören. Falls diese Dinge zwischen Ihnen und der Rückgewinnung der Kontrolle über Ihr Leben stehen, schaffen Sie sich diesen Ballast vom Hals.

9. *Gönnen Sie sich bewusst ein wenig Spaß.* Es muß ja nicht gleich so sein, dass Sie in Schwierigkeiten kommen, es geht vielmehr darum, durch Humor und eine gewisse Leichtigkeit sich selbst Signale zu geben, dass Sie die Dinge im Griff haben und nicht die Dinge Sie. Mitten in der Woche aus dem Büro zu verschwinden, um sich ein Fußballspiel anzusehen, oder mit Ihrer Partnerin ins Kino zu gehen, anstatt an einer »wichtigen« Sitzung teilzunehmen, hat etwas für sich. Es erinnert Sie daran, wer das Sagen hat. Das Spiel und der Spaß sollten in Ihrer Lebenshälfte einen wichtigen Platz einnehmen.

10. *Legen Sie den Hörer daneben.* Nicht wörtlich (zumindest nicht die ganze Zeit), aber lernen Sie, sich schwerer erreichbar zu machen. Mir gefällt es überhaupt nicht, auf einen Anrufbeantworter zu sprechen, wenn ich jemanden anrufe, aber ich selbst komme genauso wenig ohne dieses Gerät aus. Dadurch bestimme ich, mit wem ich spreche und wann. Mobiltelefone sind großartig, weil man jemanden anrufen kann, wenn man unbedingt muss, aber man kann es auch ausschalten und in herrlicher Stille seine Fahrt oder seinen Weg fortsetzen. Wenn Sie nicht gerade eine Kapazität in der Medizin sind und rund um die Uhr erreichbar sein müssen, ist es meiner Meinung nach gar nicht notwendig, dass die Leute immer wissen, wo Sie sich gerade aufhalten.

Durch die hervorragende Anleitung von Peter Drucker habe ich auch drei Grundprinzipien gelernt, von denen meine Arbeit im *Leadership Network* bestimmt ist und die mir helfen, die Kontrolle über mein Leben zu behalten.

1. *Bauen Sie auf Inseln der Gesundheit und Kraft.* Dies scheint zunächst im Widerspruch zur Menschenfreundlichkeit zu stehen, deren Prinzip es ist, den Hilflosen zu helfen. Doch genau diesen kann nicht aus einer Position der Schwachheit und Erschöpfung geholfen werden. Zudem schaffen Gesundheit und Kraft ein Denken, das in hohem Maß die Unabhängigkeit stärkt – Voraussetzung einer wachsenden Identität in unserer Arbeit.
2. *Arbeiten Sie nur mit denen, die empfänglich sind für das, was Sie zu tun versuchen.* Sie haben nur begrenzt Zeit und Kraft. Wenn Sie versuchen, die Menschen zu überzeugen, etwas zu tun, was sie eigentlich nicht wollen, erfordert dies viermal so viel Energie wie die Hilfe für jemanden, dem Ihre Anregungen willkommen sind.
3. *Arbeiten Sie nur an Dingen, die auch etwas bewirken, wenn Sie Erfolg damit haben.*

Es genügt jedoch nicht, sich die Veränderungen zu wünschen; Sie müssen die Kapazität schaffen, sie auch tatsächlich zu verwirklichen. Wenn Sie von zu vielen zeit- und energieaufwendigen Dingen kontrolliert werden, kann es gar nicht anders sein, als dass Sie auch weiterhin durch unerfüllte Träume und Wünsche frustriert werden. Sie müssen auch erkennen, dass Sie sich auf unbekanntem Territorium befinden, und vielleicht erst ein wenig Übung brauchen, um sich dort wohl zu fühlen. Doch wenn Sie nicht locker lassen, werden Sie am Ende ganz sicher einen Weg finden, die Kontrolle über Ihr eigenes Leben zurückzugewinnen.

Kapitel 17

Gesunder Individualismus

»Wir wollen weitergehen und das sein, was wir sein sollen, ohne uns voller Neid oder Stolz miteinander zu vergleichen oder zu versuchen, etwas zu sein, das wir nicht sind.«

Umschreibung von Röm 12,4 ff nach »The Message« von Eugene Peterson.

Ich kenne viele Leute, die ganz ehrlich davon überzeugt sind, dass es den Idealen und dem Wesen des Individualismus widerspräche, wenn sie Jesus Christus als ihren Herrn und Erlöser in ihr Leben aufnähmen. Sie blicken auf Christen und Kirchgänger als Konformisten herab, die sich ihrer »Gleichschaltung« nicht einmal bewusst sind. Vielleicht sind Sie beim Lesen des vorherigen Kapitels tatsächlich ein wenig unruhig geworden, als ich Sie aufforderte, die Kontrolle über Ihr Leben wieder in die Hand zu nehmen und Ihr eigener Herr zu werden, weil man Ihnen als Christ beigebracht hat, dass die Unterordnung unter Christus bedeutet, dem »eigenen Ich zu sterben«.

Das ist eine Irrlehre und meiner Überzeugung nach eine gefährliche noch dazu. In der Gemeinde Christi wird Individualismus gefördert, gestärkt und unterstützt. Wir alle gehören zu einem Körper, der unsere Stärken braucht und unsere Schwächen durch die Gaben anderer Glieder des Leibes ausgleicht. Das Bild eines schwachen, jammernden Anhängers Christi wird in der Bibel durch nichts gestützt. Der Apostel Paulus fordert Timotheus auf, »stark« zu sein. Er rät ihm: »Entfache die Gnade Gottes wieder, die dir durch die Auflegung meiner Hände zuteil geworden ist. Denn Gott hat uns nicht einen Geist der Verzagtheit gegeben, sondern den Geist der Kraft, der Liebe und der Besonnenheit« (2 Tim 1,6-7). Die Bilder, die Paulus im weiteren Verlauf des Briefes vor Timotheus ausbreitet, sind die eines Soldaten, der Härte erträgt, eines Athleten im Training und eines hart arbeitenden Bauern – alles widerstandsfähige, männliche Individuen.

Diejenigen, die den Individualismus ablehnen, geben nur das halbe Evangelium weiter. Die wohlmeinende (und biblisch korrekte) Doktrin der »Verworfenheit«, der Hinfälligkeit des Menschen, ist nicht die ganze Geschichte. Sicher, ohne Gott brauchen wir tatsächlich die »erstaunliche Gnade«, aber wenn Gottes Gnade uns erst einmal umgestaltet hat, werden wir zu neuen, wertvollen Geschöpfen, die in der Lage sind, sich selbst zu lieben und auch ihre Freiheit ganz neu zu gebrauchen.

Ich bin der Meinung, der Grund, aus dem so viele Christen akzeptiert haben, dass man sie für Konformisten hält, ist der, dass wir so viel *ungesunden* Individualismus in der Gesellschaft sehen, vor allem den pathologischen Individualismus der Yuppies des »Ich-Jahrzehnts«, aber auch den der mitunter recht ironischen und egozentrischen »Generation X«. Diese Art von Individualismus (die übrigens auf keine bestimmte Generation begrenzt ist), führt zu selbstsüchtiger Isolation, Entfremdung, Gier, Gefühllosigkeit und Schuld. Wenn Jesus davon spricht, »sich selbst zu sterben«, dann spricht er meiner Ansicht nach davon, diese pathologische »Nach-mir-die-Sintflut«-Selbstanbetung abzulegen und nicht die einzigartige Persönlichkeit, die er uns gegeben hat.

Das kleine und das große Ich

Ein Großteil unserer Probleme in der ersten Lebenshälfte kann nach meiner Überzeugung auf eine zu starke Beschäftigung mit uns selbst zurückzuführen sein. Das ständige Kreisen um die eigenen Bedürfnisse und Vorstellungen wirkt wie eine nach innen gerichtete Spirale. Das Ich wird immer kleiner. In der zweiten Lebenshälfte sollten wir uns von uns selbst befreien. Erst das läßt unser Ich wirklich groß werden. Während eine ausgeprägte Egozentrik das Ich in die Enge der Spirale bis zur völligen Bewegungsunfähigkeit hineindrängt, führt eine Christozentrik in eine immer größer werdende Weite.

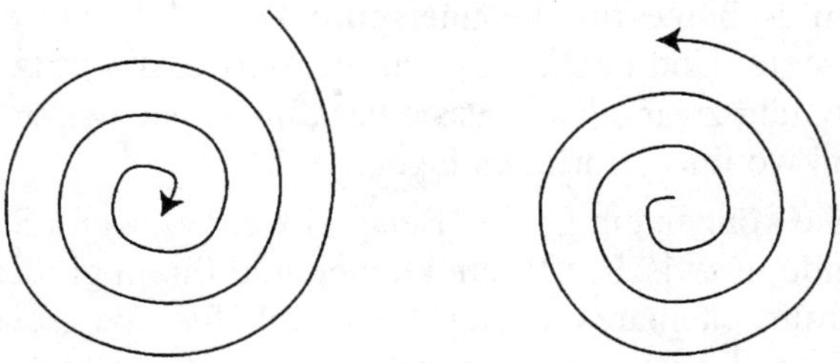

In dem kleinen Ich gibt es nur Sie. Es ist im Grunde genommen entfremdet, allein und krankhaft individualistisch. Das größere Ich ist ganz, weil es mit etwas Transzendentem – Christus – verbunden ist. Sich zur Transzendenz hin öffnen beflügelt uns; es setzt uns in Bewegung und läßt uns den Wettlauf unseres Lebens vollenden.

Die Bibel berichtet an vielen Stellen von dem kleinen Ich. Ein solches Beispiel ist die Geschichte vom »steinreichen Narren«. Dieser Mann hatte viel erreicht. Er musste sogar größere Scheunen bauen, um all seine Schätze aufzunehmen. (Ich sehe ihn als Menschen in der ersten Lebenshälfte, mit einem Haus in einer eleganten Wohngegend, das zu klein ist, um all sein »Spielzeug« unterzubringen.) Doch Jesus nannte ihn einen Narren.

»Noch in dieser Nacht wird man dein Leben von dir zurückfordern. Wem wird dann all das gehören, was du angehäuft hast? So geht es jedem, der nur für sich selbst Schätze sammelt, aber vor Gott nicht reich ist« (Lk 12,20-21).

Der reiche Narr ist klein und elend. Er ist gefangen in seinem kleinen Ich.

Aber in der Bibel sind auch Bilder des größeren Ich zu finden: Der Mann, der sich und seine Aufgabe so gut kennt, dass er bereit ist, sein Leben für seinen Bruder zu geben. Denken Sie an den Samariter, dessen großes Ich die Schwierigkeit, etwas Ungewöhnliches zu tun, überwand. Oder an Johannes den Täufer, der die Dinge beim Namen nannte und schließlich sein Leben einbüßte für die unerschrockene Art, wie er die Wahrheit sagte. Und denken Sie an die Witwe, die trotz ihrer Armut gab, und zwar alles, was sie besaß, weil sie wusste, wer sie war und wo ihre Prioritäten lagen.

Auch Sie können ein großes Beispiel werden, wenn Sie die Unterscheidung zwischen Ihrem kleinen und Ihrem großen Ich treffen. Ihr unmittelbares Ich, das kleine Ich, für eine große Sache zu öffnen, das ist es, was Jesus gemeint hat, als er über die Kosten der Nachfolge sprach – die eigene, eng gewundene Selbstsucht aufzugeben, um etwas Größeres, Besseres zu bekommen. Die Menschen sind besonders großherzig und edelmütig, wenn sie sich einer Sache verschrieben haben, die größer ist als sie selbst.

Individuelle Teamgenossen

Wir alle sind von unserem Schöpfer als ergänzungsbedürftige Wesen geschaffen worden. Während wir aufwachsen, kommen wir als Kinder von einem Stadium der Abhängigkeit schließlich als Heranwachsende und Erwachsene in ein Stadium der Unabhängigkeit. Unabhängigkeit ist großartig, aber sie ist nicht das letzte Stadium. Über die Unabhängigkeit hinaus müssen wir das Stadium der gegenseitigen Abhängigkeit erreichen – das Stadium, in dem wir begreifen und akzeptieren, dass wir nichts Bedeutungsvolles aus unserer Kraft vollbringen können.

Der Apostel Paulus spricht in seinem Brief an die Gemeinde in Korinth davon, als er das Bild des Körpers verwendet:

> »Denn wie der Leib eine Einheit ist, doch viele Glieder hat, alle Glieder des Leibes aber, obgleich es viele sind, einen einzigen Leib bilden [...]. Wenn der Fuß sagt: Ich bin keine Hand, ich gehöre nicht zum Leib!, so gehört er doch zum Leib. Und wenn das Ohr sagt: Ich bin kein Auge, ich gehöre nicht zum Leib!, so gehört es doch zum Leib. Wenn der ganze Leib nur Auge wäre, wo bliebe dann das Gehör? Wenn er nur Gehör wäre, wo bliebe dann der Geruchssinn? Nun aber hat Gott jedes einzelne Glied so in den Leib eingefügt, wie es seiner Absicht entsprach. Wären alle zusammen nur e i n Glied, wo bliebe dann der Leib? So aber gibt es viele Glieder und doch nur e i n e n Leib. Das Auge kann nicht zur Hand sagen: Ich bin nicht auf dich angewiesen« (1 Kor 12,12.15-21a).

Ich kann mich nicht an eine einzige wichtige Sache erinnern, die ich ganz allein fertig gebracht hätte. Der Individualismus in der Bibel ist der Individualismus eines Auges oder eines Fußes – eines Teiles, das als Teil eines größeren, harmonischen Ganzen funktioniert. Der Individualismus, der in unserer Kultur so üppig wuchert, ist ein Individualismus der ersten Lebenshälfte, der an Selbstsucht grenzt und vollkommen auf persönlichen Gewinn ausgerichtet ist. Der Individualismus der zweiten Lebenshälfte sollte nach meiner Überzeugung seine Stärke immer im Zusammenklang mit anderen finden, die eine ähnliche Vision haben. Vor langer Zeit habe ich gelernt, auf meine eigene Stärke und mein natürliches Talent zu bauen und mich auf andere mit ergänzenden Stärken zu verlassen, damit die Arbeit, die ich tue, nicht einseitig wird.

Altruismus, der uns selber dient

Vor einigen Jahren hatte ich das Vorrecht, einen bemerkenswerten Mann reden zu hören, der zu jener Zeit der führende Experte der Welt zum Thema »Stress« war. Hans Selye ist Mikrobiologe aus Kanada und hat einen Ausdruck geprägt, der beinahe widersprüchlich ist: »altruistische Selbstliebe«. Aus seinen Erklärungen und durch sein bemerkenswertes Buch *The Stress of Life* lernte ich, dass »altruistische Selbstliebe« nichts weiter ist als die biblische Wahrheit, die besagt, dass anderen helfen sich selbst helfen ist. Selye hatte herausgefunden, dass jene, die das Wohlwollen ihrer Nachbarn besitzen, psychisch und körperlich sehr viel besser dran sind als diejenigen, die von anderen als selbstsüchtig und gierig angesehen werden.

Selye schrieb, der beste Weg, sich das Wohlwollen der Nachbarn zu verdienen, sei, ausdrücklich oder andeutungsweise zu fragen: »Wie kann ich Ihnen helfen?« und es dann tatsächlich auch zu tun. Ich weiß nicht, warum, aber bei mir hat es funktioniert. Und ich kann mich nicht an ein einziges Mal erinnern, dass ich, nachdem ich diese Frage gestellt hatte, ausgenutzt worden wäre. Stattdessen waren die Leute erstaunt, weil eine solche Frage so selten gestellt wird. Und meistens konnte ich wirklich etwas Nützliches tun. Und dafür war sehr oft weder Geld noch sehr viel Zeit erforderlich.

Fred Smith Sen. hat mir vor Jahren gesagt, Christsein hätte mit reflexartigem Handeln zu tun, das man nur durch Pflichterfüllung und Disziplin bekommen könne. Zu fragen: »Kann ich dir irgendwie helfen?« und dann auch zuzupacken, habe ich tatsächlich zuerst durch Pflichterfüllung gelernt. Danach, nach sehr viel Übung, wurde es zu einem Reflex.

Ich war zum Beispiel einmal mit dem Unternehmer Jerry Mays in einer kleiner Gruppe zusammen. Jerry war ein »sanfter Riese«, der mit unglaublichem Mut und unglaublicher Würde sein Krebsleiden ertrug und vor unseren Augen auf sein Ende zuging. Einmal schickte ich Jerry eine Skulptur, die ein kleines Lamm und ein Kreuz darstellte, eine Nachbildung einer Skulptur aus dem Vatikan. Im Gegenzug schickte er mir einen der bewegendsten und ermutigendsten Briefe, die ich je bekommen habe. Er schrieb, in meinem Verhalten könnte er Christus erkennen. Offensichtlich hatte diese Skulptur ihm Freude gebracht, aber es ist unmöglich, die innere Freude zu beschreiben, die ich beim Lesen seines Briefes empfand.

Eine solche »fleischgewordene Nächstenliebe« bietet auch praktische, greifbare Vorteile. Lesen Sie den Bericht, der in der römisch-katholischen Zeitschrift *Ligourian* erstmalig veröffentlicht wurde:

> *»Die medizinische Forschung findet nun den wissenschaftlichen Beweis für die Aussage Jesu, dass Geben seliger ist als Nehmen (Apg 20,35). Dieser scheinbare Gegensatz findet seine Bedeutung nur, wenn man ihn durch die Augen Christi betrachtet. Die Wissenschaftler können nicht nur den Beweis erbringen, dass dieses Paradox stimmt, sie behaupten weiter, dass anderen helfen gut für die Gesundheit ist* […]. *Eine Studie der Universität von Michigan hat gezeigt, dass Personen, die regelmäßig ihre Zeit für andere Menschen zur Verfügung stellen, ihren Lebensgenuss erhöhen und ihre Lebenserwartung steigern. Studien zum Alterungsprozess sind zu einem ähnlichen Ergebnis gekommen.* […] *Stressforscher der Universität von Illinois fanden heraus, dass Personen, die sich mit anderen verbunden fühlen, ruhiger sind, weniger Stress erfahren* […]. *Geben kann auf vielerlei Weise geschehen, von Verständnis bis zu Mitgefühl, von Mitleid bis hin zu einem konkreten Dienst. Was immer dazu erforderlich ist, der Kern bleibt derselbe – wenn wir uns selbst geben, zeigen wir Liebe und Liebe ist die einzige Gabe, die sich vervielfältigt, wenn man sie weggibt.«*

Ich habe gelesen, dass Menschen, die an emotionalen Krankheiten leiden, manchmal einfache Dienste, Hilfsbereitschaft oder Freundlichkeit anderen gegenüber »verschrieben« bekommen, weil all das ihnen hilft, endlich über ihre eigenen Probleme hinauszukommen. Ich weiß aus eigener Erfahrung, wie wahr das ist, weil ich in den Wochen nach dem Tod meines Sohnes festgestellt habe, dass das Einzige, das mir »zeitweilige symptomatische Erleichterung« (klingt, als stamme es aus dem Beipackzettel eines Kopfschmerzmittels) brachte, war, mich geistig auf andere einzulassen. Wenn ich mich darauf konzentrierte, anderen zu helfen, ging es mir besser! Darum ist es so wichtig, ein Ziel, eine Aufgabe in Ihrer zweiten Lebenshälfte zu haben: Es ist nicht nur ein Köder für Ihr emotionales System, um Sie beschäftigt zu halten, sondern es ist auch der Schlüssel, der die Tür zu Ihrem größeren Ich aufschließt.

Ich bin davon überzeugt, das eines der Geheimnisse zu einer besseren zweiten Lebenshälfte das richtige Verständnis von Selbstliebe ist. Erfolg in der ersten Lebenshälfte ist einsam, weil er nach innen gerichtet ist. Er gewinnt in der zweiten Hälfte an Bedeutung, wenn wir uns selbst »ausgießen«, d. h. unsere Gaben, Talente und unsere Kraftquellen für Zwecke einsetzen, die nicht nur uns etwas bringen, sondern auch anderen Menschen. Wenn Sie beginnen, Ihre Gangart in der zweiten Lebenshälfte darauf auszurichten, passen Sie gut auf sich auf.

Nachfolgend einige »Straßenschilder«, die Sie hinsichtlich Ihres eigenen Individualismus alarmieren sollen:

Gesunder Individualismus	*Ungesunder Individualismus*
• Teil eines Teams	• arrogant und allein
• mit Gott (innerlich »reich« durch Gott)	• ohne Gott (äußerlich reich durch sich selbst)
• aus den Stärken heraus arbeiten	• nur noch funktionieren
• Gottes Liebe ermöglicht es, Schuld zu bekennen und loszuwerden	• festgefahren in Scham und Schuld
• Selbsterkenntnis und Gemeinschaft	• mehr Erfolg = mehr Isolation = weniger Gemeinschaft

Kapitel 18

Lebenslanges Lernen

»Bei all dem, was du erwirbst, erwirb dir Verständnis.«

Sprichwörter, Kapitel 4, Vers 7 zierte in dieser Form jahrelang die Rückseite der Zeitschrift *Forbes*.

Ich wurde erst Student (im eigentlichen Sinne des Wortes), nachdem ich die Schule abgeschlossen hatte. Vermutlich trifft dies auf viele von uns zu. Als wir zur Highschool und zum College gingen, waren wir keine Schüler oder Studenten, sondern Klienten. Bildung war ein Mittel zum Zweck; sie vermittelte uns die Voraussetzungen für ein produktives Leben. Von öffentlicher Seite werden die Kinder immer wieder aufgefordert, die Schule zu beenden, damit sie das College besuchen oder eine gute Anstellung bekommen – ich kann mich nicht erinnern, dass jemand mir gesagt hätte, ich solle in der Schule bleiben, damit ich den *Sinn des Lebens begreifen* oder die *tiefen Erkenntnisse der klassischen Literatur zu würdigen* wüsste.

Ich will unser Bildungssystem keineswegs kritisieren. Es ist auf die erste Lebenshälfte zugeschnitten. Wir erwarten von ihm, dass es uns lehrt, zu arbeiten, einen Beruf zu ergreifen und erfolgreich zu sein. In den meisten Fällen erfüllt es diese Erwartungen auch; es vermittelt uns die Voraussetzungen, die wir benötigen, um produktiv zu sein. Von unserer Ausbildung erwarten wir auch nicht mehr, bis wir in die zweite Lebenshälfte eintreten und an den Punkt kommen, an dem wir endlich zu verstehen beginnen, dass das Leben reicher wird, wenn wir lernen, und ärmer, wenn wir damit aufhören.

Einer meiner Freunde erzählte mir von einem Mann, den er in einem Flugzeug kennen gelernt hatte. Dieser besuchte seit vierzehn Jahren die Universität. Er war kein »normaler« Student, der ein Fach studierte, um einen Abschluss zu machen. Auch besuchte er kein Fortbildungsprogramm seiner Firma. Dieser Mann war Mechaniker auf dem Weg zu einer Montage bei einer anderen Firma. Seit seinem Schulabschluss war er Mechaniker. Mehrere Jahre lang schweißte er Stahlkisten verschiedener Größen aneinander und hatte viel Freude an seiner Arbeit. Dann entdeckte er eine Annonce in der Zeitung. Die örtliche Universität hatte eine Liste mit Weiterbildungskursen darin veröffentlicht, die wenige Wochen später beginnen würden. Er schrieb sich für einen Biologiekurs ein, weil er die Natur liebte. Es »packte« ihn. Mittlerweile spricht er zwei Fremdsprachen und hat einen Abschluss in Englisch. Er hat auch Kurse in Physik, Musik, Religion und Geschichte belegt. Und noch immer schweißt er Stahl zusammen.

Man könnte diesen Mann leicht als jemanden abtun, der sich einen unnützen Luxus gönnt, aber mich beeindruckt seine Art zu leben sehr. Warum muss alles Lernen immer nur einem verwertbaren Zweck dienen? Warum lernen Sie nicht einfach eine neue Sprache, weil Sie gern Italienisch oder Französisch sprechen würden, und nicht, weil es für Ihr Studium erforderlich ist oder Sie Geschäfte mit Frankreich abwickeln müssen? Dieser Mann hatte die Freude am Lernen entdeckt, eine Entdeckung, die er in der Highschool noch nicht gemacht hatte. Sein Ansatz für die zweite Lebenshälfte ist der Einstieg in die herrliche Welt des Wissens.

Warum Lernen in der zweiten Lebenshälfte so wichtig ist

Es gibt einige offensichtliche Gründe, warum es so wichtig ist, auch in der zweiten Lebenshälfte nicht aufzuhören, sich weiterzubilden. Wenn das Lernen Sie darauf vorbereitet, positiv und produktiv mit Veränderungen umzugehen, dann ist es sogar jetzt noch wichtiger als je zuvor. In meinem kurzen Leben habe ich zum Beispiel erlebt, wie Minderheiten langsam, aber sicher akzeptiert wurden und ihre Rechte zugestanden bekamen. An solche umwälzenden Veränderungen kann man sich nicht gewöhnen, ohne zu lernen.

In meiner beruflichen Laufbahn habe ich sieben Jobs gehabt und auch in meinem gegenwärtigen Beruf als strategischer Broker verändert sich das Spielfeld permanent. Ich kann meine Aufgabe nicht erfüllen, wenn ich mich nicht systematisch oder zumindest beharrlich weiterbilde.

Ein weiterer Grund, in der zweiten Lebenshälfte zu lernen, ist der, die Spezialisierung, die man sich in der ersten Hälfte angeeignet hat, wieder zu »verlernen«. Die meisten Menschen in der ersten Lebenshälfte beherrschen die Sprache und Operationen ihres bestimmten Arbeitsbereiches. Buchhalter sind auf dem Laufenden in Bezug auf die Steuergesetze, wissen jedoch oft sehr wenig über verschiedene Managementtheorien; ein Neurochirurg ist vielleicht vom Skalpell zu Lasereingriffen unterm Stereomikroskop übergegangen, aber es würde ihm schwer fallen, einen offenen Knochenbruch zu behandeln. Jeder hat nach vielen Jahren der Berufspraxis in seiner Disziplin einen hohen Standard erreicht. Die neu formulierte Aufgabe der zweiten Lebenshälfte wird diese Spezialisierung nicht fortsetzen, sondern eher wieder auf eine breitere, ganzheitlichere Basis zurückführen. Adressat der neuen Lebensaufgabe ist der erfahrene Praktiker, der ständig seinen Horizont erweitert.

Doch es gibt noch einen weiteren, äußerst wichtigen Grund für jede Form von Lernen: das in der Praxis unbestrittene

Fitbleiben auf geistiger Ebene. Senilität (nicht zu verwechseln mit der Alzheimerkrankheit) ist, wie man mir sagte, kein unvermeidbarer Zustand des Älterwerdens. Die meisten Gerontologen sind in Bezug auf die geistige Regsamkeit Anhänger der Theorie »Gebrauche deinen Verstand oder verliere ihn«. Ich habe häufig erlebt, dass Männer und Frauen geistig träge werden, wenn sie die Sechzig erreichen. Ich möchte nicht, dass mir so etwas passiert, und ganz sicher gehört das nicht auf Ihre Wunschliste. Die Zusammenarbeit mit Peter Drucker, 84, und Frances Hesselbein in der Anfangsphase der *The Peter Drucker Foundation for Nonprofit Management* hat mir gezeigt, was für eine lebendige, energische und produktive Zeit die Jahre nach der Pensionierung sein können.

Aber der vielleicht zwingendste Grund dafür, seinen Geist rege zu halten, ist für mich meine (zugegebenermaßen) nicht fachliche Interpretation der Bibelstelle, in der von der Austreibung der Dämonen berichtet wird (Lk 11,24-26). In der geschilderten Situation erklärt Jesus, dass ein böser Geist, wenn er zurückkommt und das Haus »sauber und geschmückt« vorfindet, mit noch mehr bösen Geistern in dieses Haus einzieht, weil dort ausreichend Platz ist.

Ich denke, was hier zum Problem wurde, ist die Leere, und nach meiner Überzeugung ist es keine überzogene Warnung, unseren Verstand niemals »leer« werden zu lassen. Er könnte dann mit vielem genährt werden, das uns von unserer Aufgabe der zweiten Lebenshälfte ablenkt. Unser Geist wird sich auf jeden Fall mit etwas beschäftigen. Der Gedanke daran, welche Art Mensch ich heute wäre, wenn ich meinen Kopf ununterbrochen mit Talkshows, Seifenopern, Regenbogenpresse und Ähnlichem gefüllt hätte, lässt mich eine Gänsehaut kriegen. Allein aus diesem Grund sollten wir ganz bewusst gute und hilfreiche Dinge lernen, um unseren Geist vor Ballast zu schützen, der so leicht eingeht und uns doch ziemlich »herunterziehen« kann. Darum ist für mich das Bibellesen auch eine ganz wesentliche Form lebenslangen Lernens. Wir müssen dafür sorgen, dass unser Geist gute Nahrung bekommt.

Was soll man in der zweiten Lebenshälfte lernen?

Es ist unmöglich, einen Lehrplan für den Studenten in der zweiten Lebenshälfte aufzustellen, aber generell wende ich folgende Regel an: Man lernt nur wirklich, was man braucht und wonach man bereit ist zu handeln; das andere ist Vergnügen und Zeitvertreib. Mit anderen Worten: Sie lernen am besten, wenn die Themen, mit denen Sie sich beschäftigen, in irgendeiner Form mit dem zu tun haben, was Ihnen wichtig ist.

Man könnte nun gegen meine Theorie einwenden, dass der Schweißer, von dem ich berichtet habe, sich nur selbst vergnügt habe, obwohl man ja nicht wissen kann, wie er sein Wissen angewendet hat. Aber selbst wenn es so wäre – die reine Freude am Lernen kann für manche Leute schon Grund genug sein, sich weiterzubilden. Bei all den geistlosen Dingen, mit denen die Menschen sich amüsieren, ist Weiterbildung sicher noch mit Abstand das Beste. Aber wenn Sie lernen, ohne ein bestimmtes Ziel, egal, ob ausformuliert oder nicht, im Auge zu haben, kann für Sie das Lernen irgendwann doch die Faszination verlieren und Sie nicht mehr genügend motivieren. Verstehen Sie mich bitte nicht falsch. Ich möchte Weiterbildung auf keinen Fall abwerten, aber ich persönlich würde Ihnen im Hinblick auf Ihre zweite Lebenshälfte – denken Sie nur an Ihre Prioritäten –, empfehlen, sich mehr auf die Dinge zu konzentrieren, die Ihnen helfen, Ihre Lebensaufgabe zu bewältigen. Weil dort Ihre eigentlichen Interessen liegen, sollten Sie sich immer einen kreativen und offenen Blick dafür bewahren, was alles zu dieser Lebensaufgabe dazugehören könnte.

Mein Interesse gilt zum Beispiel der Kunst. Ich gestatte mir, preiswerte Bücher über Kunst zu kaufen, damit ich die Reproduktion eines berühmten Gemäldes ausschneiden und an die Korkwand in meinem Vorraum heften kann, wo ich es jeden Morgen und jeden Abend wenigstens einmal betrachten kann. Ich besuche Museen und Galerien, wann immer ich die Gelegenheit dazu habe, und besitze auch selbst eine bescheidene Kunstsammlung. Es wäre weit hergeholt, wollte ich einen direkten Zusammenhang zwischen meinem Interesse für Kunst und meiner Arbeit als jemand, der sich für andere engagiert, herstellen. Allerdings möchte ich nicht bestreiten, dass ich an die Fähigkeit der Kunst glaube, Menschen zu inspirieren. Vor vielen Jahrhunderten sagte ein japanischer Gelehrter einmal: »Gute Kunst fängt den Geist eines Gegenstandes ein.« Wenn ich ein Gemälde betrachte, bin ich berührt von der Schönheit oder der Ausstrahlung des Kunstwerks; ich lerne etwas über mich und die Welt – über den Zustand des Menschen. Für mich ist das Grund genug, die Kunst in mein »Lernprogramm« aufzunehmen.

Weil sich so vieles, was ich tue, um Organisationen dreht, nutze ich das Angebot von Seminaren, Workshops, Konferenzen und Studienprogrammen in den Bereichen Unternehmen, Management, Führung und verwandten Themen. So sollte auch Ihr Lernprogramm der zweiten Lebenshälfte formelles und informelles Lernen in Bereichen beinhalten, die mit Ihrer Lebensaufgabe im Zusammenhang stehen. Als Rechtsanwalt könnten Sie sich zum Beispiel als Rechtsberater gemeinnütziger Vereine zur Verfügung stellen, wenn Sie beschlossen haben, die Arbeit in Ihrer Kanzlei ein wenig zurückzuschrauben. Für Sie wäre es dann sinnvoll, im Bereich der Rechtsvorschriften für wohltätige Einrichtungen auf dem Laufenden zu bleiben. Wenn Sie Lehrer sind und das Angebot einer Frühpensionierung in Anspruch genommen haben, fühlen Sie sich vielleicht angesprochen, in Ihrer Gemeinde Fortbildungskurse anzubieten. Da Sie sicherlich freiwillige Helfer benötigen werden, könnte es für Sie hilfreich sein, mit einem Angehörigen eines Wohltätigkeitsvereins zu sprechen, um mehr darüber zu erfahren, wie man Menschen motivieren kann, mitzuhelfen.

Eines ist klar: Man sollte sich nicht nur auf seine guten Absichten verlassen. Falls Sie an irgendeinem Punkt entmutigt sind, weil Sie bei Ihrem Engagement keine Fortschritte machen, liegt das vielleicht daran, dass Ihnen noch zusätzliches Wissen und die nötigen Informationen fehlen, um Ihren Traum in die Tat umsetzen zu können.

Wie man in der zweiten Lebenshälfte lernen kann

In vielerlei Hinsicht ist alles, was Sie in der zweiten Lebenshälfte tun, eine Form des Lernens. Und zwar, weil Sie bei allem, was Sie neu anpacken, so etwas wie ein Entdecker sind und wer auf Entdeckungsreise geht, lernt unaufhörlich. Gehen Sie deshalb alles, was Sie anpacken, mit der Erwartung an, etwas zu lernen, und konzentrieren Sie sich nicht zu sehr darauf, Ihr Lernprogramm zu formalisieren. Um Ihnen zu zeigen, wie unterschiedlich die Quellen sind, aus denen Sie lernen können, werde ich im Folgenden auflisten, woher ich während meiner zweiten Lebenshälfte meine Informationen beziehe.

Der normale Vortragsraum. Unser Beispiel von dem Schweißer ist wirklich nachahmenswert. Ich habe von Zeit zu Zeit Kurse belegt, um mich in bestimmten Dingen weiterzubilden, die für meine Lebensaufgabe hilfreich waren oder die mich im Zusammenhang mit ihr interessierten. Die Disziplin eines systematischen Lernprogramms hat sicherlich ihre Vorteile und das Schöne am Besuch irgendwelcher Lehrveranstaltungen in »gesetzterem« Alter ist, dass der Druck des Wettbewerbs wegfällt. Man hat bereits einen Job und muss nicht danach streben, die beste Note zu bekommen, sondern man lernt, weil man Freude daran hat. In den meisten Fällen kommen die guten Noten dann von selbst (natürlich gibt es auch die Möglichkeit, sich als Gasthörer einzuschreiben, dann braucht man sich um Noten und Arbeiten gar keine Gedanken zu machen).

Zuhören und Fragen. Dies ist vermutlich die konstanteste Art des Lernens. Ich frage einfach. Oder manchmal brauche ich auch gar nicht zu fragen; ich höre bloß zu. Wenn Sie geschäftlich viel unterwegs sind, wissen Sie bereits, wie viel man in einem Flugzeug lernen kann.

Alternative Medien. Kein Bereich der Medien ist unberührt von äußeren oder inneren Einflüssen. Falls Sie nur über die konventionellen Medien Nachrichten beziehen (Fernsehen, Tageszeitung und Nachrichtenmagazine), erhalten Sie ein leicht gefärbtes Bild – nicht notwendigerweise ein falsches, aber ein gefärbtes. Hören Sie immer wieder auch Radio der öffentlichrechtlichen Anstalten und lesen Sie Zeitschriftenmagazine wie »Der Spiegel«, »Focus«, »Die Woche«, »Die Zeit« etc. Sie stimmen vielleicht nicht mit allem überein, aber gehört diese Auseinandersetzung nicht auch zum Lernen?

Bücher. Lesen Sie ein breites Spektrum an Büchern: Belletristik, Sachbücher etc. Lesen Sie christliche und säkulare Literatur. Lesen Sie ein Buch in einer Gruppe, damit Sie andere Perspektiven eines Buches bekommen. In jedem Herbst und Frühling setze ich mich mit einer Gruppe von »ewigen Studenten« zusammen, um klassische Literatur zu lesen.

Bücher auf Kassette. Dies ist vermutlich noch ein Überbleibsel aus meiner ersten Lebenshälfte, aber man kann eine Menge Bücher »lesen«, während man sich anzieht, Auto fährt oder Sport treibt. Es gibt auch die Möglichkeit, sich solche Kassetten auszuleihen.

Konferenzen. Konferenzen können besser sein als ein Kurs an einer Universität. Besorgen Sie sich Kassettenaufnahmen der Vorträge, die Sie nicht besuchen können. Bewahren Sie sich Ihre Notizen und Unterlagen auf, damit Sie später noch das eine oder andere nachschlagen bzw. noch einmal anhören können.

Reisen. Das Reisen ist eine der großartigsten Formen der Bildung. Linda und ich haben es uns zur Gewohnheit gemacht, mindestens einmal im Jahr in eine bestimmte Region der Welt zu reisen und uns ausführlich mit dieser Gegend zu beschäftigen. Bei den Leuten in der zweiten Lebenshälfte gibt es einen neuen Trend, den man mit »Bildungsurlaub« umschreiben könnte. Beim Reisen wird einem Weiterbildung auf dem Gebiet der Geografie, Religion, Politik, Anthropologie, Kunst und Musik in einem einprägsamen, meist angenehmen »Paket« geliefert.

Fernsehen. Das muss natürlich von einem Mann kommen, dessen Geschäft das Fernsehen ist, aber ich bin ganz ehrlich der Meinung, dass das Fernsehen bei einer sorgfältigen Auswahl sehr viel Wissen vermitteln kann. Ich lese jede Woche die

Fernsehzeitung und kreuze die Sendungen an, von denen ich glaube, dass sie mir nützliche Informationen vermitteln. Ich zeichne auch Sendungen auf, damit ich sie mir später ansehen kann.

Lernen in Gruppen. Peter Senge, ein bekannter Unternehmensberater, vertritt die Auffassung, dass Gruppen, nicht Individuen, die fundamentalen Lerneinheiten in modernen Organisationen sind. Im Lernen sind wir nach meiner Überzeugung genauso voneinander abhängig wie in anderen Bereichen auch. Nachdem ich eine Weile allein über ein Problem nachgedacht habe, ist es immer notwendig, mit anderen darüber zu sprechen. Es ist ein Weg, die anderen Puzzleteilchen zu finden.

Noch ein Wort zu den neuen Medien: Mit dem »Informations-Highway« wird auch der Computer ein immer effektiveres Hilfsmittel zum Lernen werden.

Eine der großen Tragödien der Zivilisation ist nach meiner Ansicht die Veränderung, die in der Haltung des Kindes dem Lernen gegenüber stattfindet. An irgendeinem Punkt im Laufe des Schulalltags verwandelt sich der kindliche Lerneifer in einen passiven Widerstand dem Lernen gegenüber. Vielleicht ist dies unausweichlich. Meine Meinung jedoch ist, dass Sie für sich selbst eine Begeisterung fürs Lernen erwarten können. Ihr Lernbedürfnis in der zweiten Lebenshälfte zeigt, wie gering Ihre Scheu ist, sich selbst einzugestehen, dass Sie nicht alles wissen und darum mehr lernen möchten. Es ist das Anerkennen der Tatsache, dass ein Beruf eher ein Titel oder eine Berufsbezeichnung darstellt als ein Maß an Wissen. Seien Sie in Ihrer zweiten Lebenshälfte bereit, ein Amateur auf einem Gebiet zu werden, das für Sie Neuland ist.

Kapitel 19

Respektieren Sie äußere Gegebenheiten

> *»Alle Ergebnisse stehen auf der Außenseite. Auf der Innenseite stehen nur die Kosten und die Bemühungen.«*
>
> Peter Drucker

Menschen in der zweiten Lebenshälfte ähneln sehr stark Musikern, die in einem Orchester Fagott spielen. Was ich damit meine? Außerhalb des Orchesters ist ein Fagottist nicht sehr effektiv. Trompeter, Geiger und Pianisten können auch als Solisten spielen; der Fagottist in der Regel nicht. Und die wenigen Solopartien für das Fagott, die es gibt, können auch nur mit einem Orchester oder Ensemble aufgeführt werden.

Wenn ein Fagottist diese Tatsache nicht anerkennt, würde er immer frustrierter, bis er entweder aufgibt oder versucht, öffentliches Interesse für ein Solo-Fagottkonzert zu wecken. Glücklicherweise haben die meisten Fagottisten ihre Rolle im Leben akzeptiert und den Orchesterklang mit ihren satten tiefen Tönen ergänzt.

An diesem zugegebenermaßen etwas seltsamen Beispiel können wir meines Erachtens zwei wichtige Tatsachen für die zweite Lebenshälfte ablesen: Erstens, wir sind sicher genug, Mitglieder eines Teams zu sein. Und zweitens, wir erkennen die

Notwendigkeit an, Nebensächlichkeiten zu akzeptieren – uns mit den Dingen abzufinden, die wir nicht ändern können und mit denen wir immer wieder konfrontiert werden.

Das Führungsteam meines Kabelsenders verbringt jeden Monat ungefähr 25 % seiner Zeit damit, sich mit äußeren Bedingungen zu beschäftigen: Veränderungen bei der Durchführung von Projekten, Veränderungen der Publikumsreaktionen auf das Angebot eines anderen Senders, kulturelle und demografische Veränderungen und neue Technologien. Wir vergeuden unsere Zeit nicht, indem wir nach Wegen suchen, diese äußeren Bedingungen zu verändern, weil wir wissen, dass es nicht möglich ist. Sie bieten unserem Unternehmen entweder eine Chance oder sind eine Bedrohung für sie. Aber eines ist sicher, wir können sie nicht ausschalten.

Das ist etwas, das wir während des Aufstiegs in unserer ersten Lebenshälfte oftmals nicht lernen. Windmühlen müssen sich im Wind drehen, und das gilt auch für uns. Die Einstellung der Menschen in der ersten Lebenshälfte zu äußeren Gegebenheiten ist häufig unablässiger Angriff oder Leugnung. Aber zwischen Ehrgeiz und Eigensinn gibt es eine feine Grenze. Eines der Dinge, die Sie wahrscheinlich in die Halbzeit geführt hat, war die Erkenntnis, dass Sie keine Fortschritte erzielen werden, wenn Sie sich permanent an Nebensächlichkeiten stoßen, über die Sie keine Kontrolle haben.

In der zweiten Lebenshälfte lernen Sie, die äußeren Umstände nicht nur zu akzeptieren, sondern zu respektieren, denn nur durch Respekt beginnen Sie, kreative Wege zu finden, solche äußeren Gegebenheiten in Chancen zu verwandeln. Das beste Beispiel hierfür ist *Microsoft*, der Hersteller von Computersoftware. Vor gar nicht allzulanger Zeit wollten sich alle in der Computerwelt ihren Claim abstecken. So entstanden über Nacht viele Firmen, die sich mit der Herstellung von Computern beschäftigten. Und viele von ihnen verdienten viel Geld. Bill Gates sah sich das alles an und bemerkte, dass *IBM* sich wie ein riesiger Wolkenkratzer von den anderen abhob. Er wusste, sie würden immer die Marktführung haben; das war ein äußerlicher Umstand, den er akzeptierte und respektierte. Anstatt seinen kleinen Speer nun auf diese riesige Windmühle zu richten, marschierte er in eine andere Richtung; und der Rest ist, wie man so schön sagt, Geschichte. Wer hätte jemals gedacht, dass eine Firma, die nur etwa ein Zehntel des Wertes von *IBM* besaß, eines Tages dieses Unternehmen übertrumpfen würde? Und was wäre passiert, wenn Bill Gates beschlossen hätte, Hardware zu produzieren und *IBM* Konkurrenz zu machen?

Manchmal sind die Äußerlichkeiten so erdrückend, dass sie uns beinahe zu verschlingen drohen. Das wäre mir um ein Haar passiert. Ich ließ mich auf ein Wagnis ein, das mich aus meiner Komfortzone herausholte. Mein Partner wusste, dass wir etwas tun mussten, um mit anderen Kabelfernsehanstalten konkurrieren zu können, und er wollte mich dazu bringen, pornografische Sendungen in unser Programm aufzunehmen. Er setzte mich gehörig unter Druck, weil das Unternehmen ohne eine solche »Programmerweiterung« auf der Kippe stand, sang- und klanglos unterzugehen, und ich natürlich mit Pornografie nichts zu tun haben wollte. Die pornografischen Sendungen hätten uns höchstwahrscheinlich neue Zuschauer und höhere Einnahmen gebracht, aber ich weigerte mich, dies zu gestatten. Und das war eine Entscheidung, die uns finanzielle Daumenschrauben anlegte.

Ich erinnere mich noch, wie ich inmitten dieser Unsicherheit eine Sonntagsschulklasse unterrichtete. Die Lektion behandelte das 13. Kapitel des ersten Korintherbriefes und glauben Sie mir, mein innerer Zustand hatte herzlich wenig mit dem zu tun, was in diesem berühmten Kapitel über die Liebe geschrieben wird. Man musste mir das angemerkt haben, denn später kam einer der Zuhörer zu mir und sagte: »Wissen Sie, zuletzt habe ich mich als Pilot eines Kampfflugzeugs in Korea so gefühlt, wie Sie gerade beschrieben haben. Haben Sie schon mal darüber nachgedacht, dass nicht die Arbeit als solche Sie kaputt macht, sondern die Art von Arbeit, die Sie tun?«

Er hatte hundertprozentig Recht. Ich musste die äußeren Tatsachen anerkennen: Ich passte nicht mehr in dieses Geschäft. Ich hätte bleiben und bis zu meinem Todestag weiterkämpfen können, aber einige Dinge hätten sich nie geändert. Aus diesem Grund stieg ich am 12. Februar 1982 aus. Dies ist das Datum des Beginns meiner zweiten Lebenshälfte. Es war ein großer Sprung, aber heute ist mir klarer denn je, dass ich das Richtige getan habe.

Die Rolle der Autorität

Es gibt kein Leben ohne Autorität. Sie können das Spiel wählen, aber die Regeln können Sie nicht bestimmen. Wenn Sie Tennis spielen, findet der Aufschlag hinter der Linie statt und der Ball muss im Spielfeld geschlagen werden. Beim Basketball müssen Sie den Ball über das Spielfeld dribbeln und dürfen nicht damit laufen. Einfach ausgedrückt: Wenn man sich für ein Spiel entscheidet, übernimmt man auch die Spielregeln. Und ob es Ihnen nun gefällt oder nicht, die Regeln bestimmen Ihr Verhalten. Wenn Sie die Regeln befolgen, steigen Ihre Chancen, das Spiel zu gewinnen. Wenn Sie die Regeln immer wieder brechen, werden Sie keine Gelegenheit haben, das Spiel zu Ende zu bringen.

Sicherlich kann der folgende Ausspruch nur von jemandem stammen, der sich noch in der ersten Lebenshälfte befindet: »Regeln wurden gemacht, um gebrochen zu werden.« Auf dem Weg nach oben wird man immer in Versuchung geführt, eine Stufe auszulassen, eine Abkürzung zu nehmen. Und für viele Menschen, die sich in der ersten Lebenshälfte befinden, ist man ein Schlappschwanz, wenn man sich einer Autorität unterordnet. In vielen Ländern ist die Versicherungsprämie für junge Autofahrer höher, weil sich gezeigt hat, dass sie dazu neigen, die Autorität der Verkehrsregeln zu missachten. Sie fahren schneller, risikoreicher und neigen dazu, sich selbst vorzumachen, sie seien immun gegen diese Autorität.

Menschen in der ersten Lebenshälfte zeigen sehr ähnliche Verhaltensmuster. Obwohl bei ihnen ausgesprochene Rebellion eher selten ist, nehmen viele die Warnung: »Fass nicht auf die Herdplatte, sie ist heiß!« oft als Einladung, die Autorität auf die Probe zu stellen.

Falls Sie nun noch in der ersten Lebenshälfte »stecken«, gibt es für Sie folgendes Problem: Sie brauchen den Job, um zu überleben. Er gefällt Ihnen vielleicht nicht, vielleicht haben Sie keinen Respekt vor Ihrem Chef, vielleicht sind Sie nicht einverstanden mit der Art, wie Ihre Firma Geschäfte abwickelt – aber Sie können nicht einfach gehen. Wer soll für Ihren Lebensunterhalt und den Ihrer Familie sorgen? Sie sind gezwungen, die Autorität Ihres Arbeitgebers anzuerkennen, auch wenn Ihnen das nicht gefällt. In der zweiten Lebenshälfte sind Sie in der Regel ein wenig flexibler; es fällt Ihnen leichter, legitime Entscheidungen darüber zu treffen, wer Sie sind und wer in Ihrem Leben Autorität besitzen soll. Natürlich werden Sie nie ein Leben ohne Autorität führen können – denn wenn Gott Ihre oberste Priorität ist, dann haben Sie sich entschieden, seine Autorität anzuerkennen.

Das Verblüffende am Evangelium ist natürlich, dass Sie umso freier werden, je mehr Sie sich der Autorität Christi unterwerfen. Dies macht die zweite Lebenshälfte für mich so attraktiv. Ich sehe viele junge Männer, die sich so mit ihren undankbaren Jobs, ihren schwierigen Ehen oder anderen Bereichen, die sie nicht ändern können, abmühen. Ich würde nicht so leben wollen und sie wollen es eigentlich auch nicht. Wenn der Unbehaglichkeits-Pegel zu hoch steigt, fangen sie an, sich Fragen zu stellen, die typisch für die Halbzeit sind. Und wenn sie erst einmal ihre Prioriäten festgelegt haben, erkennen sie, wie nutzlos es oftmals ist, gegen äußere Gegebenheiten anzugehen, die sich einfach nicht ändern lassen. Hier zeigt uns der Weg des Kreuzes das größte und kostbarste Paradox aller Zeiten: Um wirklich frei zu sein, müssen wir uns der Autorität Gottes unterwerfen.

Ich hoffe, das klingt in Ihren Ohren nicht zu glatt oder zu »religiös«. Natürlich ist es so, dass auch diejenigen, die ihr Leben Gott anvertraut haben, sich mit ungerechten Chefs auseinander setzen oder stumpfsinnige Arbeit verrichten müssen, dass sie Kinder haben, die schwierig sind oder in Schwierigkeiten stecken. Auch sie werden nicht von Eheproblemen verschont und können wie alle anderen auch vor alle möglichen Probleme des Lebens gestellt werden. Ich halte in diesem Zusammenhang auch nicht viel von dem Rat: »Gib alles einfach nur an Gott ab«, der einigen Christen so leicht über die Lippen kommt.

Aber ich möchte Folgendes sagen: Wenn Sie die Fragen Ihrer ersten Lebenshälfte erst einmal beantwortet und beschlossen haben, dass Gott den ersten Platz in Ihrem Leben einnehmen soll, werden Sie besser mit solchen Problemen umgehen können. Sie werden natürlich nicht verschwinden, zumindest nicht sofort. Aber Sie werden sich ihnen besser stellen, von ihnen lernen und sie sogar in Chancen für Ihre große Lebensaufgabe umwandeln können.

Ich war überzeugter Christ, als ich meinen Sohn verlor. Ich hatte Gott bereits die erste Prioriät in meinem Leben eingeräumt und war dabei, die Aufgabe zu erfüllen, die Gott mir gegeben hatte. Doch das hielt eine fürchterlich reale Wirklichkeit nicht ab, auf schreckliche Weise in unser Leben einzubrechen. Und so galt auch für mich: Starke Strömungen können selbst den kräftigsten Schwimmer hinunterziehen. Es war immens schwer, mit diesem Verlust fertig zu werden, aber ganz ehrlich kann ich sagen, ich wäre heute nicht dort, wo ich bin, wenn ich mich nicht als von Gott gehalten erfahren hätte. Respektieren Sie die Gegebenheiten Ihrer natürlichen Welt und die Autorität der übernatürlichen Welt und Sie werden den Freiraum in Ihrer zweiten Lebenshälfte haben, in jeder Hinsicht wachsen und dienen zu können.

Kapitel 20

Geben Sie Ihr Bestes

»Wähle also das Leben, damit du lebst [...]. *Liebe den Herrn, deinen Gott, hör auf seine Stimme, und halte dich an ihm fest; denn er ist dein Leben. Er ist die Länge deines Lebens* [...]« (Dtn 30,19b-20).

Nun kommt ein Geheimnis, das Sie vielleicht gar nicht hören möchten: Der Übergang von der ersten in die zweite Lebenshälfte ist nicht leicht. Er ist nicht innerhalb von einer Woche, einem Monat, einem Jahr vollzogen. Und die Linien zwischen den beiden Hälften sind nicht immer deutlich.

Bitte lassen Sie sich dadurch nicht entmutigen, Ihr Bestes bei dem Spiel zu geben. Wenn ich meine Geschichte erzähle, habe ich immer den Eindruck, einige seien der Meinung, sie brauchten bloß eine Formel und alles würde gut werden. Und wenn diese Formel nicht funktioniert, sind sie entmutigt und überlassen sich der nach unten weisenden Kurve.

Meine Halbzeit dauerte mehrere Jahre, doch ich habe trotzdem versucht, mein Bestes zu geben. Und das hat mir Spaß gemacht. Leisten Sie sich ruhig einige Fehlstarts, Sie können ohne Weiteres zurückgehen und noch weitere seismische Tests durchführen oder eine Probe nehmen, die nicht viel kostet. Wie ich bereits gesagt habe: Wichtig ist, eine neue Kurve zu beginnen, bevor die letzte ausläuft.

Und denken Sie daran: Die zweite Lebenshälfte ist nur ein Teil des Spieles. Wir alle müssen das ganze Spiel spielen.

Ich bin gefragt worden, welche Opfer ich in meinem Leben gebracht habe. Das ist eine schwierige Frage, weil ich eigentlich alles besitze, was die Leute sich wünschen – eine gute Ehe, viel Zeit, um das zu tun, was ich möchte, ein erfolgreiches Unternehmen. Was ich aufgeben musste, um diese Dinge zu bekommen, sind Stunden, in denen ich Dinge getan habe, die nur mich betrafen. Anders ausgedrückt, habe ich einen großen Teil meines Lebens entweder mit Sorge, bangem Warten, dass ein Geschäft gelang, in Langeweile bei der Erledigung der alltäglichen Geschäftsroutine oder mit »geistlichen Übungen« wie Gebet, Bibelstudium oder Gottesdienst verbracht.

Unzählige Stunden habe ich damit verbracht, über Unternehmensstrategien nachzudenken, Managern Zeit zu geben, ihre Ideen und Aktivitäten darzustellen und ihnen zuzuhören. Natürlich waren die besten Nachrichten immer die am wenigsten stimulierenden: »Alles ist in Ordnung.« Es war manchmal außerordentlich schwierig, auch »nur« fünfzehn Minuten aufzubringen, um meinem Sohn Ross konzentriert zuzuhören. In meinem Kopf war ein einziger Wirrwarr von »wichtigen« Dingen und eigentlich wollte ich nichts anderes, als mich hinzusetzen und nichts hören und sehen zu müssen.

Thomas Merton schrieb einmal, dass alles, was man brauche, sich bereits in unserem Leben befindet. Er nannte es die »verborgene Ganzheitlichkeit«. Damit meinte er, dass wir nicht äußeren Dingen nachzujagen brauchen, um Erfüllung zu finden. Auch wenn die meisten von uns das in der ersten Lebenshälfte vorwiegend tun, so wird uns doch endlich klar, dass Geld, Ruhm, materieller Besitz und Erfahrungen uns niemals Erfüllung schenken können. Was wir in der zweiten Lebenshälfte tun und sein werden, ist bereits während der ersten investiert worden; es kommt nicht aus heiterem Himmel.

Früher dachte ich immer, dass ich durch mein konsequentes Ja zu Christus ein vollkommen anderer Mensch werden würde – ich würde Polyesterkleidung tragen und Gebrauchtwagen fahren oder auf einem Esel durch ein von Seuchen gebeuteltes

Land der Dritten Welt reiten und Dinge tun, die ich furchtbar ungern tun würde. Damit will ich nicht die Leute herabsetzen, auf die diese Beschreibung passt, sondern ich will herausstellen, dass sie einfach nicht auf jeden passen muss, schon gar nicht auf mich. Irgendwann stellte ich mir die Frage, warum mich Gott, der mich mit den Fähigkeiten eines Unternehmers und leitenden Managers ausgestattet hat, an einen Ort stellen sollte, an dem diese Begabungen zu nichts nütze sein würden. Erleichtert stellte ich fest, dass Gott nicht vergeudet, was er geschaffen hat. Ich bin noch dieselbe Person, die ich in der ersten Lebenshälfte war, aber ich gehöre jetzt einem anderen »Team« an.

Nachdem Gott Sie geschaffen hat, trat er zurück und sagte: »Das ist sehr gelungen!« Er pflanzte den Wunsch in Sie hinein, mit ihm in Verbindung zu treten, und sorgte dafür, dass Sie es auch können. Ob Sie sich in der ersten oder zweiten Hälfte Ihres Lebens befinden oder auch in der Halbzeit, Gottes Wunsch für Sie ist, dass Sie ihm dienen, indem Sie *Sie selbst* bleiben und ihm mit dem dienen, was er Ihnen gegeben hat.

Kapitel 21

Der »50/50-Vorschlag«

Ich habe dieses Buch mit meiner Grabinschrift begonnen: 100 fach. Sie drückt meinen Wunsch aus, als ein Mensch in Erinnerung zu bleiben, der den Samen, der von meinem himmlischen Vater in mich gelegt wurde, hunderfach vervielfältigen durfte.

Ich möchte mit einer weiteren mathematischen Formel schließen: 50/50. Sie drückt meinen Traum für jeden aus, der auf dem Weg in die zweite Lebenshälfte ist.

Vor mehreren Monaten trafen sich Sandy Kress, ein jüdischer Rechtsanwalt, und Don Williams, ein christlicher Geschäftsmann, um Wege zu finden, das öffentliche Schulsystem in Dallas zu verbessern. Die Schulen hatten mit Versuchszielen gearbeitet, hatten Lehrer angestellt und viele technische Neuerungen durchgeführt. Vieles hatte sich verbessert. Doch was fehlte, war die Dimension von Moral und Wertvorstellungen. Ich gehörte der Gruppe an, die Sandy und Don aus den unterschiedlichsten Gesellschaftsschichten zusammenstellten, um sich mit diesem schwierigen Thema zu befassen. Schließlich konzentrierten wir unsere Bemühungen auf sechs unterschiedliche Initiativen, von denen eine die »50/50-Gemeinde« war.

Die Grundidee der »50/50-Gemeinde« ist es, die Gemeinden in Dallas herauszufordern, 50 % ihrer Mittel für sich selbst zu verwenden und 50 % ihrer Gemeinschaft und der Welt zur Verfügung zu stellen. Dies scheint eine einfache Idee zu sein, aber für Individuen und Gemeinden ist sie radikal. Die meisten Gemeinden sind der Meinung, sie würden schon an die Grenze des Möglichen gehen, wenn sie 10 % ihrer Zeit, ihrer Talente, Energie und ihres Geldes für Arbeiten aufwenden, die nicht ihrer Gemeinde zugute kommen. Aber überlegen Sie einmal, was in Ihrem Ort passieren könnte, wenn jede Gemeinde nach dieser 50/50-Formel handeln würde! Und denken Sie darüber nach, was passieren würde, wenn Sie die Hälfte Ihrer Zeit und Ihrer Mittel für sich und Ihre Familie und die andere Hälfte für andere einsetzen würden.

Eine der wichtigsten Veränderungen, die die zweite Lebenshälfte von der ersten unterscheidet, ist nach meiner Überzeugung, dass der Glaube sehr viel stärker in Ihr Leben integriert wird. In der zweiten Lebenshälfte werden Sie erfahren, dass das einfache Prinzip stimmt: Anderen Gutes zu tun wirkt sich positiv auf Sie selbst aus. Ihr Leben wird ausgeglichener, indem Sie sich an die Grundlinien der Bibel halten; Sie werden gewinnen und fröhlich anderen erzählen können, dass Christus ein Leben reich macht, dass er es erfüllt und nicht, wie manche befürchten, es langweilig und leer werden lässt. Es wird Ihnen schwer fallen, die Grenze zwischen den eigenen Interessen und denen anderer zu ziehen, weil die Sinnerfüllung den Erfolg überschattet. Anstatt zu versuchen, die unterschiedlichen Bereiche Ihres Lebens zu koordinieren, werden Sie aus einer Mitte heraus handeln, die verhindert, dass Ihr Leben – und letztlich Ihre Persönlichkkeit – zwischen unterschiedlichsten Zielen zerrissen wird. Betrachten Sie bitte die folgende Liste von entgegengesetzten Wertvorstellungen und Haltungen und fragen Sie sich selbst: Auf welcher Seite möchte ich während meiner zweiten Lebenshälfte stehen?

Abgesondertes Leben

- Glaube ist Privatsache
- Dogmatismus
- Der richtige Glaube ist wichtig
- Glaube bedeutet: aufgeben

Integriertes Leben

- Dienst als Teil des Lebens
- Offenheit für Unerwartetes
- Wie kann der Glaube praktisch umgesetzt werden?
- Glaube bedeutet: hinzufügen, Überfluss, Ganzheitlichkeit

ich-zentriert:	*beziehungsorientiert:*
• Was uns trennt	• Was uns zusammenhält
• Einzelsport	• Mannschaftssport
• Unabhängigkeit	• gegenseitige Abhängigkeit
• Gesetz	• Gnade
• Verpflichtung	• persönliche Entscheidungen
• Bei Äußerlichkeiten ansetzen	• von innen motiviert werden
• Hauptsache, nach außen ist alles in Ordnung	• »Wie ein Mann denkt, so ist er«
• autoritäre Führung	• dienende Führung
• Sonntagschristentum	• »Sieben-Tage-Christentum«
• von festen Vorstellungen (Ideologie, Doktrin) getrieben	• zielorientiert

Die »50/50-Gemeinde« möchte ihrer »Stadt« dienen und das Evangelium leben, anstatt ungebeten anderen eine Ideologie aufzudrücken. Ihr Zeugnis geschieht zuerst durch das Vorbild, dann erst durch die Verkündigung. Die Aufgabe der »50/50-Gemeinde« ist es, die Gläubigen in alle Widersprüche, Spannungen und Paradoxe der Gesellschaft vor Ort wieder hineinzustellen, anstatt die Menschen für einige Stunden am Sonntagmorgen in einer unrealistischen, frommen Atmosphäre zu isolieren.

Ganz sicher bin ich nicht der Erste, der den Vorschlag macht, die Kirche möge doch besser in der Welt und mit der Welt zusammenarbeiten. Ich bin sicher, jeder Gläubige kämpft mit dieser Frage und wünscht sich, dass das Evangelium unsere Kultur verändert. Was hindert uns also daran?

Ich glaube, dass die Antwort darauf in der Verantwortung des Einzelnen liegt. Die Gemeinde wird ohne ausgelebte Verantwortlichkeit des Einzelnen in der Gesellschaft wenig Glaubwürdigkeit gewinnen. Die Menschen müssen unseren Glauben *sehen*, nicht nur davon *hören*. Wenn unser Glaube Privatsache ist und nur *uns* etwas angeht oder wenn er nur einmal pro Woche innerhalb eines Gebäudes praktiziert wird, verpassen wir

Christen die hervorragende Gelegenheit, »Salz und Licht« zu sein. Schlimmer noch, ich bin der Meinung, wenn der Glaube sich nur nach innen richtet, werden wir zu eindimensionalen, uninteressanten und vollkommen selbstzentrierten Menschen. Wir führen ein Arbeitsleben, ein Familienleben, ein Gesellschaftsleben und ein Gemeindeleben. Solange jeder dieser Bereiche für sich steht und von den anderen isoliert ist, hat er niemals die Stärke, die er in Verbindung mit den anderen haben könnte.

Was hat das nun mit unserer zweiten Lebenshälfte zu tun? Das wirklich Tragische der ersten Lebenshälfte besteht nach meiner Überzeugung darin, dass Menschen ermutigt werden, nur sich selbst zu sehen. Sicherlich möchte kein Mann seinen Beruf über seine Familie stellen, aber es passiert – die Verlockung, Erfolg zu haben oder sogar haben zu müssen, ist einfach zu groß, wir können ihr nicht widerstehen. Das dritte Jahrzehnt verläuft im Leben der meisten Männer wie im Nebel, sie haben meist wenig Zeit, über einige wichtige Themen und Wertmaßstäbe nachzudenken, die zu einem sinnerfüllten Leben führen würden. Ich weiß nicht, ob dies so sein muss; ich weiß nur, dass es häufig so ist und dass es fast immer in eine Periode des Fragens und des Selbstzweifels einmündet. »Ist das alles?«, fragen wir uns. »Will ich das für den Rest meines Lebens tun?«

Schließlich ist unsere erste Lebenshälfte vorbei. Die Uhr läuft ab. Falls das unerwartet passiert – falls Sie nicht die Verantwortung dafür übernehmen, in die Halbzeit zu gehen und Ihr Leben in Ordnung zu bringen, damit Ihre zweite Lebenshälfte besser verläuft als die erste –, werden Sie sich in die Reihen jener einordnen, die sich bis zu ihrer Pensionierung treiben lassen. Ihre zweite Lebenshälfte wird eine langsamere Ausgabe der ersten sein, mit immer weniger Erfolg und sehr wenig Sinnerfüllung. Aber wenn Sie die Verantwortung für den Weg übernehmen wollen, dann gestalten Sie die letzte Spielhälfte aktiv mit und Sie werden das überströmende Leben erfahren, das Gott für Sie bereithält.

Wenn ich mir die christliche Szene in Amerika ansehe, entdecke ich ein riesiges Reservoir an Energie, das nur darauf wartet, freigesetzt zu werden. Ich sehe genügend Fähigkeiten, Kreativität, Mitgefühl, Geld und Kraft, um unsere Kultur umzugestalten. Ich sehe in jeder Gesellschaftsschicht Gläubige, denen der Zustand ihrer Städte und Wohnorte am Herzen liegt, die sich aber machtlos fühlen, etwas zu tun, das Veränderungen herbeiführen könnte.

Meine Lebensaufgabe, diese verborgene Energie in möglichst vielen Christen Amerikas auf irgendeine Art und Weise in aktive Energie umzuwandeln, mag einigen vielleicht unmöglich erscheinen, aber als ein Mann, der aus echter Überzeugung seine zweite Lebenshälfte gestaltet, denke ich nicht mehr in Kategorien des Unmöglichen. Ich bin ehrlich davon überzeugt, dass ich entscheidend dazu beitragen kann, diese enorme Energie, die in der Gemeinde verborgen liegt, freizusetzen – aber ich weiß auch, dass ich das nicht allein tun kann.

An einem bestimmten Punkt in meiner Halbzeit hielt ich mich für einen »Brandstifter« – für jemanden, der gern ein Feuer in den Leuten entzündet und sich dann zurücksetzt und den Flammen zusieht. Aber das Bild ist nicht ganz zutreffend, weil es mir zum einen nicht so richtig gefällt, dazusitzen und zuzusehen. Zum anderen bin es letztlich nicht ich, der ein Feuer in den Leuten anzündet, denn ich glaube, dass im Herzen eines jeden Christen schon längst eine Flamme brennt, die jemand ganz anderer angezündet hat. Meine Aufgabe sehe ich seitdem mehr darin, für genügend Brennstoff und ausreichende Sauerstoffzufuhr zu sorgen.

Ich hoffe, dass Sie bei meiner Beschreibung der zweiten Lebenshälfte dieses kleine Feuer in sich deutlich gespürt haben; vielleicht beginnen Sie gerade erst zu erkennen, was für ein Feuer Sie werden können.

Ich hoffe, dass Sie keine Angst davor haben, dass in Zukunft die kleine Flamme in Ihnen zu einem richtigen Feuer werden könnte; dass Sie beginnen, sich wieder jung zu fühlen, und dass Sie beginnen, neue Träume zu träumen.

Ich hoffe, Sie erkennen, während die Flammen sich ausbreiten, dass dies nicht das Abfackeln guter Vorsätze ist, sondern der Beginn einer wachsenden Hingabe.

Das ist die Energie, die ich sehe, wenn ich in die Kirchen und Gemeinde-Zentren blicke, in die Räume der Sonntagsschulen, der Bibel- und Hauskreise. Das ist die Art von Energie, die auch bei Ihnen vorhanden ist.

Zum Schluss habe ich gesagt, dass die individuelle Verantwortung der Schlüssel für die Umgestaltung der Gemeinde ist. Ich kann Ihnen zwar ein effektives und durchführbares Programm in die Hand geben, das Sie zur Sinnerfüllung führt, aber im Endeffekt müssen Sie allein entscheiden, wie Sie leben wollen. Sie haben die Freiheit zu wählen, ob Ihre nächsten Jahre Ihre besten sein sollen oder nicht.

Ich bete dafür, dass Sie den Mut finden, die Träume auszuleben, die Gott in Sie hineingelegt hat.

Wir sehen uns nach dem Spiel!

Dank

Bei der Arbeit an diesem Buch und beim Überdenken der Begebenheiten meines Lebens habe ich eine wundervolle Entdeckung gemacht: Nie habe ich etwas Wichtiges allein zu Stande gebracht, immer habe ich mit einem Team zusammengearbeitet. Manchmal denke ich, dass Gott über unsere Einbildung lacht, wir würden als Menschen unabhängig voneinander sein. Nur zu oft zeigen wir eine ausgeprägte Neigung zu naiver Selbstüberschätzung und Selbstzufriedenheit. Es ist nur eine Frage der Zeit, wie schnell wir uns selbst überschätzen, wenn wir viel Geld verdienen, sportliche Ehren erringen, ein Buch geschrieben oder etwas Außergewöhnliches zu Stande gebracht haben. Gott findet Wege, uns allen, die wir von uns selbst so eingenommen sind, zu zeigen, wie abhängig wir doch voneinander sind.

Von allen Schriften zur Abhängigkeit der Menschen voneinander hat meiner Meinung nach der Apostel Paulus in seinem Brief an die Gemeinde in Rom das Wichtigste zu sagen gewusst. Dort heißt es:

> »Strebt nicht über das hinaus, was euch zukommt, sondern strebt danach, besonnen zu sein, jeder nach dem Maß des Glaubens, das Gott ihm zugeteilt hat. Denn wie wir an dem einen Leib viele Glieder haben, aber nicht alle Glieder denselben Dienst leisten, so sind wir, die vielen, *ein* Leib in Christus, als einzelne aber sind wir Glieder, die zueinander gehören. Wir haben unterschiedliche Gaben, je nach der uns verliehenen Gnade« (Röm 12,3-6a).

Dieses Buch und das Leben, das es den Lesern nahe bringen möchte, sind Resultate einer Teamarbeit. Der Dank für das Buch an sich gebürt vor allem Scott Bolinder und Lyn Cryderman von *Zondervan Publishing*. Einige Male wollte ich aufgeben. Sie taten es nicht. Beide kamen mehrmals nach Dallas, um mit dem widerspenstigen »Autor« zu sprechen, damit er das Buch fertig stellt. Lyn Cryderman hat die handwerkliche Arbeit übernommen. Auch bin ich sehr dankbar für die geschriebenen Beiträge von Bruce Buursma und Bill Proctor, die mir beide sehr geholfen haben, meine Gedanken in Worte zu fassen. Mein Dank geht auch an Rachel Boers für ihre sachkundige Bearbeitung. Mein Assistent, B. J. Engle, hat Stunden damit zugebracht, die verschiedenen Manuskripte zu entwerfen und wieder neu zu entwerfen. Ich spürte am eigenen Leibe, was T. S. Eliot gemeint hat, als er das Schreiben einen »Überfall auf das Unausgesprochene« nannte.

Ich gehöre verschiedenen Teams mit unterschiedlicher Zielrichtung an. In Bezug auf die Lebensplanung ist Peter Drucker der wichtigste Mann in meinem Leben gewesen. Früher, als ich lernen musste, ein Unternehmen zu führen, war er mein Lehrer, so wie durch seine Bücher auch für viele andere. Später, als ich in meine zweite Lebenshälfte eintrat, wurde Peter mein Begleiter beim »Übergang von Erfolg zur Sinnerfüllung«. Zwei Bücher stehen in meinem Büro: Peter Druckers großes Werk *Management* als mein Leitfaden für menschliche Dinge und die Bibel als Leitfaden für geistliche Dinge.

Es lohnt sich allein, dieses Buch geschrieben zu haben, damit das Vorwort von Peter Drucker in Ihre Hände kommt. Es sagt so vieles aus, das mir wertvoll ist, und wichtiger noch, das für *Sie* wertvoll sein kann. Auf diese Weise kann Peter Ihnen helfen zu interpretieren, was passiert, wie er es jahrelang bei mir getan hat.

Zu meinem ersten Team gehört natürlich meine Frau Linda. Sie ist völlig anders als ich (Gott sei Dank), aber es gibt Zeiten, in denen ich nicht mehr sagen kann, wo meine Gedanken aufhören und ihre beginnen. Ich könnte mir mein Leben ohne diesen Menschen, den ich so sehr liebe und respektiere, nicht mehr vorstellen. Und natürlich ist auch Ross, mein Sohn, den ich vor neun Jahren verloren habe, immer noch bei mir. In vielerlei Hinsicht war Ross der noch unvollkommene Teil meiner Persönlichkeit – lebenssprühend, leidenschaftlich –, jemand, der die Menschen und Jagdhunde liebte. Es wird nicht mehr lange dauern, bis ich ihn wieder sehe. Wir werden die Ewigkeit zusammen verbringen.

Ohne das unglaublich effektiv arbeitende Team bei der *Buford Television Inc.* könnte ich meine zweite Lebenshälfte nicht so gestalten, wie ich es tue. Im ganzen Bereich des Kabelfernsehens gibt es kein besseres Team als Ben Hooks, Ron Martin, Tom Seale, Kay Monigold, John Ellis, Dick Green, Arl Cope, Steve Lowe und die Gruppe von Leuten, die unseren Zuschauern unter dem Namen *Friendship Cable* als Ratgeber zur Verfügung stehen. Frank Burke und Jim Watson sind wundervolle Ratgeber gewesen.

Mein Bruder Jeff ist der beste Bruder auf der Welt und ein sehr hilfreicher Partner.

Beryl Berry war über vierzig Jahre die rechte Hand meiner Mutter und dann später meine rechte Hand. Sie kennt alle unsere Familiengeheimnisse – die guten, die schlechten und die hässlichen. Sie ist länger im Unternehmen tätig als alle meine anderen Mitarbeiter.

Das Herz, die Seele und das Gewissen von *Leadership Network* ist Fred Smith Jr. Er ist der Mann, nach dem Diogenes mit seiner Lampe gesucht hat – der »letzte ehrliche Mann auf der Erde«. Fred setzt zusammen mit seinem Team von *Leadership Network* – vor allem Gayle Carpenter, Carol Childress und Brad Smith – große Ideen in die Wirklichkeit um. Das können die knapp 12 000 Christen im vollzeitlichen Dienst, die auf der *Leadership Network*-Adressenliste stehen, und die bald 2 000 Teilnehmer, die bisher *Foundation*-Konferenzen besucht haben, bestätigen. Die Redner bei diesen Konferenzen nehmen große

Entfernungen auf sich und verbringen zahllose Stunden mit der Vorbereitung. Ihr Dienst ist ganz ausgezeichnet.

Ich stehe tief in der Schuld jener, die meine Führer durch die neue Welt des christlichen Ökosystems in den Vereinigten Staaten geworden sind, vor allem Bill Hybels, Rick Warren, Leith Anderson, Ray Bakke, Gordon MacDonald, Paul Robbins, Harold Myra, Fred Smith Sen., Robert Lewis, Skip Ryan, Terry Taylor und der unermüdliche Lyle Schaller, der immer weiter macht, ein Optimist ist und frischer in seinen Erkenntnissen ist als Männer, die vierzig Jahre jünger sind als er.

Ich gehöre drei Kleingruppen an: einer mittels Telefonkonferenz und zwei anderen »live«. Dass ich an ihrem Leben teilhaben kann, dass sie mir gestatten, »meine Verwirrung laut auszusprechen« und für kluge Ratschläge, die ein nicht wegzudenkender Teil meines Gedankenlebens geworden sind, möchte ich danken: Don Crisp, Bob Slocum, Don Williams, Bill Breedlove, Fred Currey, Ted Enloe, Jody Grant, Jack Knox, Richard Marcus, Jerry Mays (†), Bob Rogers, Bill Solomon, Jim Hoak, Steve Bryant, Doug Coe, Craig Estes, Dee Margo, Matt Martin, Mike Regan, John Snyder, Jim Warner, Jack Willome, Tom Luce und John Castle.

Für die gemeinsame Arbeit und vor allem dafür, dass sie mir als leuchtendes persönliches Vorbild gedient haben, möchte ich dem *Board of Governors* der *The Peter Drucker Foundation for Nonprofit Management* danken, der auch ich in früheren Jahren vorstehen durfte – Richard Schubert, Sidney Harris, John Jacob, John McNeice. Frances Hesselbein, die Begründerin der *The Peter Drucker Foundation*, hat sich unermüdlich darum bemüht, die *Foundation* bekannt zu machen. Sie scheint überall gleichzeitig zu sein. Ed Fjordbak der *Communities Foundation* von Texas und Hedy Helsell von *The Center for Nonprofit Management* sind mir großartige Partner in mehreren gemeinnützigen Unternehmungen meiner zweiten Lebenshälfte gewesen.

Wie jeder, der dieses Buch gelesen hat, bestätigen kann, hat der Rat von Michael Kami mein Leben verändert.

Linda und ich haben sowohl in Dallas als auch in Tyler, wo wir leben, wundervolle Freunde. Wir haben Freude und Leid geteilt, Geburt und Tod, Aufbau und Niederreißen, Trauer und sogar Tanz – all die Dinge, von denen Salomo in Kohelet, Kapitel 3 spricht. Um nur ein paar von ihnen zu nennen: Peaches und Bruce Brookshire, Marilyn und Frank Budde, Mary Dale und Pat Thomas, Anne und Tom Smith, Nancy und Randy Best, Ann Clark, Merry Jane und Earl Davis, Janie und George Hamm, Donna und Bill Wise, Judy und Don Wiliams, Pam und Tom Luce, Bess und Ted Enloe.

Ken und Marge Blanchard sind großartige Freunde und »Verschwörer« in den Abenteuern meiner zweiten Lebenshälfte.

Der *Young Presidents Organization* und der *World Presidents Organization* habe ich unzählige Stunden der Bildung und des Gedankenaustauschs zu verdanken. *YPO* ist in meinen Augen eine der besten Erwachsenen-Bildungsorganisationen der Welt und eigentlich habe ich erst richtig zu lernen begonnen, als ich bereits erwachsen war.

Zu denen, die als geistliche Mentoren mein Leben unermesslich bereichert haben, die mir die Bibel nahe gebracht und mich gelehrt haben, was die Bibel für mein Leben bedeuten kann, gehören Phil Hook, Shelley Chapin, Dan Russ, Sug Thompson, Doug Coe, Doug Holladay, Howard Butt, der verstorbene Ray Steadman und Alice Mae Harold.

Und vor allem möchte ich mir erlauben, meine Partnerschaft mit Gott hier zu nennen. Es ist eine unvergleichliche, ja unaussprechliche Freude, dass ich endliches, kleines Wesen eine Beziehung zu dem Schöpfer des Universums haben kann. Selbst dieses Buch hätte ich ohne seine liebevolle Hilfe und Ermutigung nicht fertiggebracht. Meine Fähigkeiten, vor allem meine Geduld, würden dafür nicht ausreichen. Dass es da ist, verdanke ich – und das nicht, weil es nun mal ein christliches Buch ist – ohne jeden Zweifel meinem Gott!

Diskussions-Leitfaden

Willkommen auf Ihrer Reise vom Erfolg zur Sinnerfüllung! Im ganzen Land haben viele Leser von »Halbzeit« das Buch mehrmals durchgearbeitet. Wie Autor Bob Buford sagt: »Das erste Mal lesen Sie mein Buch, aber beim zweiten Mal lesen Sie Ihr Buch.« Dieser Diskussions-Leitfaden soll Ihnen helfen, die zweite Hälfte Ihres Lebens überlegter und prozessorientierter anzugehen.

Er kann durchaus für die persönliche Bearbeitung verwendet werden, allerdings ist er als Gesprächsgrundlage für eine Kleingruppe konzipiert. In die zweite Lebenshälfte hineinzuwachsen wird mehr erfordern als nur den Wunsch dazu; eine Kleingruppe bietet Ihnen die wesentlichen Elemente der Verantwortlichkeit, Disziplin und Authentizität sowie einen Ort, an dem Sie »Ihre Verwirrung laut denken können« zusammen mit Menschen, denen Sie wichtig sind.

Bevor Sie diesen Gesprächs-Leitfaden verwenden, nachfolgend einige Schritte, die Sie beachten sollten:

Bereiten Sie sich vor. Die Fragen auf den folgenden Seiten sind den einzelnen Kapiteln entnommen. Bevor Sie die Fragen durcharbeiten, beschäftigen Sie sich intensiv mit dem angegebenen Kapitel.

Bestimmen Sie einen Leiter (in einer Gruppe). Nur selten ist Gruppenarbeit effektiv, wenn kein Gesprächsleiter da ist. Bestimmen Sie vor jeder Gruppensitzung jemanden, der die Gesprächsleitung übernimmt, dafür sorgt, dass die Gruppe nicht abschweift und jedem die Möglichkeit gibt, sich am Gespräch zu beteiligen. Die Gesprächsleitung sollte wenn möglich nicht nur bei einer Person liegen.

Suchen Sie nach ehrlichen Fragen. Genau wie die Fußballmannschaft eine Pause bekommt, in der der Trainer Gelegenheit hat, die Strategie der Mannschaft zu ändern, bietet Ihre Halbzeit Ihnen Zeit zum Nachdenken. Ein wichtiges Element dieses Nachdenkens ist es, in die Tiefe zu gehen. Legen Sie alle Masken oder Selbstzweifel ab und horchen Sie in sich hinein.

Machen Sie Mut, sich auf eine gewisse Verbindlichkeit gegenüber einer Person, die Sie begleitet, einzulassen. Egal, ob Sie diesen Gesprächs-Leitfaden nun in einer Gruppe oder allein durcharbeiten, achten Sie darauf, dass Sie einen Partner haben, der Sie immer wieder an Ihre Verantwortung und Ihre Entscheidungen erinnert. Diese Person wird Ihnen helfen, in gewisser Weise über Ihren Weg Rechenschaft abzulegen. Suchen Sie sich einen Menschen, bei dem Sie ehrlich sein können und der Sie nicht beurteilt. Viele unserer hohen Erwartungen werden wir nicht erfüllen, viele unserer Ziele nicht erreichen. Aber wenn eine andere Person um unsere Hoffnungen, Gedanken und Schwächen weiß, fällt es uns um ein Vielfaches leichter, wieder aufzusteigen, falls wir einmal vom Pferd gefallen sind. Geben Sie dieser Person die Erlaubnis, Fragen in Bezug auf Ihre Fortschritte in der zweiten Spielhälfte zu stellen. Häufig macht eine solche Beziehung den Unterschied aus zwischen dem einfachen Lesen eines Buches und der Anwendung des dort Vermittelten auf das tägliche Leben.

Schreiben Sie Ihre Antworten zu den Fragen und Aufgaben auf. Sie können dazu einen Notizblock verwenden, vielleicht sogar Ihren Laptop. Möglicherweise schreiben Sie die Antworten auch in Ihr Tagebuch. Die Tatsache, dass Sie Ihre Gedanken schriftlich ausformulieren, bietet Ihnen die Gelegenheit, mehr in die Tiefe zu gehen. Das Niederschreiben Ihrer Antworten wird Ihnen konkret zeigen, wie ernst es Ihnen damit ist, die Halbzeit-Antworten für Ihr Leben zu finden. Im Laufe der Wochen und Monate können Sie sich Ihre niedergeschriebenen Antworten immer wieder durchlesen; sie werden Ihnen den Fortschritt in Ihrer Spielhälfte verdeutlichen.

EINFÜHRUNG
Die »heiligste Kammer des Herzens« öffnen

1. Nehmen Sie sich ein paar Minuten Zeit, um über das Ende Ihres Lebens nachzudenken. Wie wollen Sie anderen in Erinnerung bleiben?
2. Bob Buford schrieb seine eigene Grabinschrift nieder: 100-fach. Welche Inschrift soll auf Ihrem Grabstein stehen? Denken Sie einen Augenblick darüber nach, dann schreiben Sie eine Inschrift von weniger als zehn Worten. (Die begrenzte Anzahl an Worten wird Ihnen helfen, sich auf das Wesentliche Ihrer Person zu beschränken.)
3. Teilen Sie die erste Hälfte Ihres Lebens in Bereiche ein. Welches der folgenden Elemente hat Ihr Leben beherrscht: Bildung, Erfolg im Beruf, Familie oder das Erwerben materiellen Besitzes?
4. Sind Sie sich darüber im Klaren, dass die Uhr Ihres Lebens auf die Ewigkeit hin tickt? Welche Elemente in Ihrem augenblicklichen Leben werden eine Halbzeit-Bewertung aufregend und notwendig machen (z. B. Familienbelange, Erfolg im Beruf, die schwindende Faszination des großen Geschäfts)?

KAPITEL 1
Auf das leise Flüstern hören

1. Lesen Sie 1 Könige, Kapitel 19, Vers 11b-12 zu Beginn dieses Kapitel noch einmal durch. Wenn Sie Ihre Fähigkeit, auf die leise Stimme Gottes zu hören, auf einer Skala von 1-10 bewerten sollten, wie gut würden Sie abschneiden?
2. Was bedeutet es Ihnen, »alles zu haben«?

3. Sehen Sie sich das Diagramm auf Seite 25 an. Wo stehen Sie auf Ihrer Reise? Sind Sie Zuschauer, Suchender, Nachfolger Christi oder Arbeiter im Reich Gottes? Bob Buford ist der Meinung, die meisten von uns würden zwischen dem ersten und dem zweiten Laufmal feststecken. Welche konkreten Schritte werden Sie zur Reife führen?
4. Haben Sie den »Sprung« zum Glauben hin gewagt? Beschreiben Sie eine bestimmte Phase in Ihrem Leben, als Sie diesen Glaubensschritt gewagt haben.
5. Überdenken Sie Ihr Leben aus der Perspektive Gottes. Wenn Gott hörbar mit Ihnen über Ihre Lebensaufgabe sprechen würde, was würde er Ihrer Meinung nach sagen?
6. Buford wirft auf Seite 30 eine faszinierende Frage auf. Wie würde Ihr Leben aussehen, wenn es absolut vollkommen wäre?

KAPITEL 2
Die entscheidende Wende

1. Wer war Ihre »Mittie Marsh« (S. 33)?
2. Welches waren die Wendepunkte in Ihrem Leben? Welche Ereignisse haben Ihre Laufbahn geprägt? Ihr Familienleben? Ihr gesellschaftliches Leben? Ihr geistliches Leben?
3. Denken Sie über diese prägenden Ereignisse Ihres Lebens nach. Welche Elemente ließen sie so bedeutungsvoll werden? Die Worte, die jemand gesagt hat? Das Handeln eines anderen?

KAPITEL 3
Eine Zeit des Suchens und der Selbsthilfe

1. Wie offen sind Sie für Veränderung in Ihrem Leben? Skizzieren Sie auf einem Blatt Papier eine Skala von 1-10. Wo würden Sie sich selbst einstufen (wobei »1« bedeutet, dass Sie Veränderung vollkommen abgeneigt sind, und »10«, dass Sie sehr offen für Veränderungen sind)?
2. Schreiben Sie einige der größten Veränderungen auf, die Sie in den vergangenen zwanzig Jahren Ihres Lebens durchlebt haben (z. B. einen Umzug in einen anderen Ort, Stellenwechsel, Veränderungen in Ihrem Führungsstil).
3. Buford schreibt, eine Gesellschaft brauche genau wie ein Mensch von Zeit zu Zeit eine neue Ausrichtung, um gesundes Wachstum zu erzielen (S. 38). Inwiefern hat sich Ihre Ausrichtung in der Vergangenheit verändert?
4. Was haben Sie, während Sie Ihre Karriere aufgebaut und die Früchte Ihres Erfolgs geerntet haben, verloren oder zurückgelassen? Ist etwas Wichtiges dabei zu kurz gekommen?
5. Mit vierunddreißig schrieb Buford sechs Kernziele für sein Leben auf (S. 40/41). Schreiben Sie fünf bis zehn wichtige Ziele für Ihr Leben auf. Besprechen Sie Ihre Liste mit einer anderen Person.

KAPITEL 4
»Erfolgspanik«

1. Auf den ersten Seiten dieses Kapitels beschreibt Buford, wie er im Alter von vierundvierzig von einem stillen Eindringling, der Erfolgspanik, gequält wurde. Sind Sie bereits an den Punkt gekommen, an dem Sie sich gefragt haben:

»Wie viel ist genug?« Wann war das und was passierte zu diesem Zeitpunkt in Ihrem Leben?

2. Als Buford von dieser Erfolgspanik erfasst wurde, war er gezwungen, ganz neue Entscheidungen zu treffen. Stellen Sie sich die vier Fragen auf Seite 44.
3. In diesem Kapitel wird klar unterschieden zwischen »berufen sein« und »getrieben sein«. Beschreiben Sie diesen Unterschied mit eigenen Worten.
4. Zeichnen Sie auf ein Blatt Papier eine Linie. Schreiben Sie an das eine Ende der Linie Erfolg und auf das andere Ende Sinnerfüllung. Zeichnen Sie ein, wo Sie sich auf dieser Geraden befinden und notieren Sie das Datum vom heutigen Tag.

KAPITEL 5
Die Hauptquelle ausfindig machen

1. Zeichnen Sie eine Waage auf ein Blatt Papier. Welches ist in Ihrem Leben die »Hauptquelle«, das »Eine«? Schreiben Sie Ihre Antwort über eine der beiden Waagschalen (Wort oder kurzer Satz). Über die andere Waagschale: »Leben«.
2. Gibt es bei Ihnen vielleicht zwei oder drei Dinge, die Sie in Ihre Waagschale legen möchten? Wie leicht oder schwer sind sie? Wie wirkt sich das auf Ihr Leben aus? Wird es angehoben oder sinkt es ab? Pendelt es auf und ab?
3. Wenn Sie Christus als Ihre Hauptquelle in die Waagschale gelegt haben, welche Veränderungen müssen Sie in Ihrem Leben und Berufsleben vornehmen, damit dies nicht nur eine intellektuelle Entscheidung bleibt, sondern praktische Anwendung findet? Schreiben Sie mindestens drei Punkte auf und versehen Sie sie mit einem Datum, wann diese Veränderung spätestens vollzogen sein sollen.

4. Auf welche Weise haben Sie erfahren oder erfahren Sie noch, dass Sie erhalten, wenn Sie gern geben (das Paradox der rückhaltlosen Nachfolge Christi)?
5. Welche Aktivitäten stehen mit dieser Festlegung Ihrer Prioritäten in Verbindung? Was hilft Ihnen, in diese Richtung zu wachsen?

KAPITEL 6
»Adios, Ross«

1. Der unerwartete Tod seines Sohnes erschütterte die Behaglichkeitszone in Bufords Leben. Welche Erfahrungen aus der jüngsten Zeit haben Sie aus Ihrer Behaglichkeitszone herausgerissen? Beschreiben Sie mit wenigen Worten, wie Sie durch diese Erfahrungen gewachsen sind.
2. In den Feuerproben des Lebens wird unser Glaube gestählt. Wann haben Sie eine Situation erlebt (eine Krankheit, Tod oder ein rebellierendes Kind), über die Sie keine Macht hatten und in der Sie einfach nur vertrauen konnten?
3. Auf Seite 55 spricht Buford über das Lernen, wie ein Pilger zu leben, der nicht die Kontrolle hat; als ein Verwalter, nicht als Besitzer und als Soldat, der keine Sicherheit hat. Denken Sie über die Rolle eines Pilgers, Verwalters und Soldaten in Ihrem eigenen Leben nach. Welcher Bereich Ihres Lebens könnte ein wenig Wachstum vertragen? Planen Sie einen »Wachstumskurs«, um diesen Bereich zu verbessern.
4. In diesem Kapitel geht Buford auf ein einfaches Quäkergebet ein, das zwischen Geben und Nehmen unterscheidet. Das Gebet wird mit Gesten gesprochen – mit nach oben gewandten, geöffneten Handflächen zu beten, verdeutlicht das Empfangen alles zum Leben Notwendigen von Gott. Wenn Sie mit den Handflächen nach unten beten, zeigen

Sie, dass Sie alle Ihre Sorgen in Gottes Hände legen. Schlagen Sie Seite 56 auf, legen Sie das Buch auf den Tisch und beten Sie die letzten beiden Absätze auf der Seite. Nehmen Sie sich vor, dieses Gebet während der folgenden Woche zu beten. Schreiben Sie ein paar Sätze darüber auf, wie sich dieses Gebet auf Ihr Leben ausgewirkt hat.

KAPITEL 7
Bestandsaufnahme

1. In diesem Kapitel empfiehlt Buford einige wichtige Konzepte für die Bestandsaufnahme Ihres Lebens:

   a) Schließen Sie Frieden. Was bedauern Sie in Ihrem Leben? Stehen bestimmte Menschen mit diesen Punkten im Zusammenhang? Schreiben Sie mehrere Leute auf, die Ihnen auf Anhieb einfallen. Wie können Sie mit diesen Menschen durch einen persönlichen Besuch, einen Telefonanruf, einen Brief oder durch die Vermittlung eines Freundes Frieden schließen?

   b) Nehmen Sie sich Zeit. Die Stunden und Tage gleiten uns durch die Finger, wenn wir uns nicht die Zeit für das nehmen, was wirklich wichtig ist. Schreiben Sie auf, wie Sie sich Zeit schaffen können, über Ihr Leben nachzudenken.

   c) Handeln Sie überlegt. Stellen Sie einen Zeitplan auf, der Ihnen helfen soll, einige wichtige Themen in Ihrem Leben durchzugehen. Schlagen Sie Seite 66 auf und verwenden Sie diese Fragen als Anregung für Ihre Gedanken.

   d) Teilen Sie sich mit. Besprechen Sie die Ergebnisse mit einem guten Freund oder Ihrer Partnerin. Welche Erkenntnisse und mögliche Anpassung hat Ihnen diese Person im Hinblick auf Ihre Spielhälfte vermittelt?

2. Was ist Ihnen lieber – die Jagd oder die Gefangennahme? Warum?
3. Auf Seite 68/69 notiert Buford einige Fragen, die Ihnen helfen sollen, eine Bestandsaufnahme Ihrer zweiten Lebenshälfte zu machen. Einige dieser Fragen haben Sie vielleicht bei den vorherigen Kapiteln bereits beantwortet. Suchen Sie sich vier neue Bereiche, die besonders auf Ihre Situation zutreffen. Formulieren Sie die Antworten zu diesen Fragen aus.

KAPITEL 8
Was glauben Sie?

1. Der persönliche Glaube an eine höhere Macht ist das zentrale Konzept von »Halbzeit«. Welches ist der Kern Ihres Glaubens? Nehmen Sie sich ein paar Minuten Zeit, um über Ihr Glaubenssystem nachzudenken, und schreiben Sie dann vier Punkte auf, die Sie glauben. Beginnen Sie jede Aussage mit: »Ich glaube …« (Zum Beispiel: »Ich glaube, dass ich meinen Alltag an der Bibel ausrichten kann.«)
2. Wie wirkt sich Ihr persönliches Glaubenssystem aus auf:

   a) Ihre Familie?
   b) Ihren Beruf?
   c) Ihre Gemeinschaft?
   d) Ihr Privatleben?

KAPITEL 9

Entdecken Sie, was Ihnen wirklich wichtig ist

1. Wenn Sie den Film *City Slickers* noch nicht gesehen haben, leihen Sie sich das Video aus. Achten Sie vor allem auf die in »Halbzeit« beschriebene Szene, in der Crystal und Palance über das Geheimnis des Lebens sprechen. Worüber waren diese Männer verwirrt?
2. Viele Menschen entdecken niemals ihre Priorität, obwohl sie wissen, dass es sie irgendwo gibt. Mit welchen Dingen haben Sie in der Vergangenheit Ihre Sehnsucht nach »dem Einen« zeitweise befriedigt? (Einige Möglichkeiten auf Seite 80.)
3. Sind Sie den Träumen und Wünschen anderer für Ihr Leben nachgejagt anstatt Ihren eigenen? Schreiben Sie zwei Beispiele aus der Vergangenheit auf und die Folgen – negative und positive. Andere können uns Hinweise auf unser »Eines« geben, aber die eigentliche Entdeckung kann nur von uns selbst gemacht werden. Es ist eine Wahrheit, für alle »sichtbar verborgen«.
4. Denken Sie über Ihre Einzigartigkeit nach. Mit jedem Menschen, den Gott geschaffen hat, hat er die Form durchbrochen. Wie definieren Sie Ihren Zweck als einzigartiges Individuum? Buford definiert diesen Zweck als »was Sie so gern tun, dass Sie es auch ohne Bezahlung tun würden«. Was tun Sie mit Begeisterung, wo liegt der Funke, der nur eine kleine Brise braucht, um zu einem prasselnden Feuer zu werden?
5. Wie definiert Peter Drucker den Unterschied zwischen Effizienz und Effektivität und inwiefern trifft dies auf den Prozess zu, in dem Sie Ihre Prioritäten setzen?

KAPITEL 10
Vom Erfolg zur Sinnerfüllung

1. Welche Erfahrungen in Ihrem Leben haben Ihnen gezeigt, dass Erfolg nicht ausreicht? Auf den Seiten 84 und 85 führt Buford eine Reihe von Signalen auf, die er entdeckt hat. Nehmen Sie diese Gedanken als Grundlage für eine eigene Liste.
2. Ist Vortrefflichkeit unerreichbar? Wenn Sie alles erreicht haben, was Sie sich vorgenommen haben, bleibt bei Ihnen trotzdem das Gefühl, dass immer noch etwas fehlt? Wenn das so ist, welches ist dieses fehlende Teilchen?
3. Lesen Sie sich die Geschichte von Bufords Freund Howard auf den Seiten 86 und 87 noch einmal durch. Wie haben Sie auf Freunde oder Kollegen reagiert, die solche drastischen Veränderungen in ihrem Arbeitsleben oder Lebensstil vorgenommen haben?
4. Buford schreibt auf Seite 88, der Übergang von Erfolg zu Sinnerfüllung beginne, »wenn man auf seinem Weg anhält und sich endlich einmal ansieht, was man schon immer mit sich getragen hat. Dann kann auch das Leben um dieses ›Eine‹ herum neu organisiert werden«. Wenn Ihnen klar geworden ist, was Ihnen in Ihrem Leben wichtig ist, was können Sie unternehmen, um Ihr Leben um diese Prioritäen neu zu organisieren? Welche Dinge müssen ausgeschaltet werden?
5. Zu diesem Neuordnungsprozess gehört nicht notwendigerweise eine Wende um einhundertachtzig Grad. Wie können Sie durch langsame und vorsichtige Veränderungen Ihr Leben neu organisieren?
6. Ist für Ihre Suche nach Sinnerfüllung Ihres Lebens erforderlich, dass Sie eine Aufgabe übernehmen, die Sie nicht mögen? Lesen Sie die Geschichte des Systemanalytikers auf Seite 89 noch einmal. Wie können Sie sich davor schüt-

zen, eine Aufgabe zu übernehmen, für die Sie vollkommen ungeeignet sind?

7. Schreiben Sie eine Beschreibung Ihres Idealjobs für die zweite Lebenshälfte oder einer Nebentätigkeit, die Sie anstreben. Was würden Sie tun müssen, um diesen Job zu bekommen?

KAPITEL 11
Die Lebensmitte finden und dort bleiben

1. Buford spricht von dem Gleichgewicht zwischen der hektischen Jagd und der Langeweile zwischen zwei Geschäften. Wenn Sie über die erste Hälfte Ihres Lebens nachdenken, wie haben Sie Ihr Gleichgewicht halten können? Wann sind Sie aus dem Gleichgewicht geraten? Während welcher Periode Ihres Lebens war Ihr Leben im Gleichgewicht? Beschreiben Sie dies.
2. Laura Nash spricht von sieben Spannungsfeldern, denen Christen in der Wirtschaft ausgeliefert sind (S. 92). Welche dieser Spannungsfelder kennen Sie? Welches ist das bedeutungsvollste in Ihrem Leben?
3. Buford schreibt, dass die sieben oben genannten Spannungsfelder nicht nur notwendig sind, sondern vielleicht sogar Vorteile haben, und dass Sie Frieden fänden in dem Wissen, dass Sie die Spannung niemals würden lösen können. Beschreiben Sie, wie Sie lernen, mit diesen Spannungen fertig zu werden – und dabei noch eine positive Entwicklung zu nehmen.
4. Buford schreibt auf Seite 94: »In der Realität – einer Wirklichkeit, die die Welt erkennen sollte – begegnet Christus uns, er arbeitet mit uns, inmitten der Verwirrung, im Tal tödlicher Bedrohungen, im Tunnel des Chaos, wenn ver-

traute Orientierungspunkte verschwunden sind.« Denken Sie nach, wann dieser Satz in Ihrem Leben Realität war. Schreiben Sie Gott einen kurzen Dankesbrief für seine Gegenwart inmitten der Verwirrung.

5. Auf den letzten Seiten dieses Kapitel berichtet Buford von einem sehr verlockenden Geschäft – das er abgelehnt hat. Haben Sie schon einmal eine Beförderung abgelehnt oder eine gute Gelegenheit ungenutzt verstreichen lassen? Warum oder warum nicht?

KAPITEL 12
Im Spiel bleiben, aber den Spielplan ändern

1. Ihnen ist es vielleicht nicht möglich, dem Beispiel Bufords zu folgen und in Ihrer zweiten Lebenshälfte nur noch die halbe Zeit zu arbeiten. Wie könnte ein solcher »Glaubenssprung« in Ihrem Berufsleben aussehen? Nehmen Sie sich ein paar Minuten Zeit, um davon zu träumen, wie Ihr Leben aussehen würde.
2. Welche Einstellung haben Sie zu Ihrem Beruf? Die Einstellung kann schwanken zwischen: »Ich liebe meinen Beruf so sehr, dass ich ihn auch ausüben würde, wenn ich nicht dafür bezahlt würde« und »Ich hasse meine Arbeit, egal, wie viel Geld ich dafür bekomme«. Zeichnen Sie auf ein Blatt Papier eine Linie, die diese beiden Extreme verdeutlicht. Markieren Sie die Stelle, wo Sie sich wieder finden, mit einem »x«.
3. Buford schreibt: »Der Schlüssel zu einer erfolgreichen zweiten Lebenshälfte ist nicht der Berufswechsel, sondern eine Veränderung der Einstellung, eine Veränderung Ihrer Weltsicht und Ihrer Lebensordnung.« Denken Sie über diese Aussage nach. Wie können Sie Ihre Sicht der Welt modifizieren oder anpassen? Wie können Sie die Art, wie Sie Ihr Leben organisieren, modifizieren oder anpassen?

4. »Seismische« Tests können ein Hilfsmittel sein, Ihre zweite Lebenshälfte neu zu strukturieren. Versichern Sie sich der Hilfe von zwei Freunden oder geistlichen Ratgebern (die Sie leicht erreichen können), deren Rat Sie schätzen und denen Sie vertrauen. Treffen Sie eine Verabredung mit ihnen und fragen Sie sie: »Wie kann ich mich eurer Meinung nach nützlich machen?« Hören Sie aufmerksam zu und schreiben Sie ihre Antworten auf.
5. Buford sagt: »[…] man kann letztlich nur aus der Kraft heraus wirken, die Gott einem gibt« (S. 103). Schreiben Sie in einem Satz, wie Sie Ihrer Meinung nach Ihr Bestes für Gott geben können.
6. Wie können Sie mit der Information aus der vorhergehenden Frage, wie Sie am besten für Gott wirken können, Proben durchführen? Schreiben Sie drei Dinge auf, die Sie tun können, um zu erfahren, wie Sie Ihre Fähigkeiten am ehesten für Gott und die Gemeinde einsetzen können. Welches davon könnte in einen neuen Beruf umgewandelt werden? Wie?
7. Vielleicht denken Sie über einen neuen Beruf für die zweite Lebenshälfte nach, andererseits gefällt Ihnen Ihr Beruf. Wie können Sie in Ihrem Beruf ein wenig kürzer treten?

KAPITEL 13
Sich überschneidende Kurven

1. Sehen Sie sich die Grafik auf Seite 110 an. Stellen Sie sich den Ängsten, die auf dieser Seite aufgeführt sind. Wird Ihr Leben von solchen Ängsten dominiert? Von welchen? Vielleicht haben Sie eine Angst ganz anderer Art. Wenn das so ist, schreiben Sie sie auf und konzentrieren Sie sich auf diesen Aspekt Ihrer Spielhälfte.

2. Wie können Sie durch die Verwendung von sich überschneidender Kurven (S. 111) ein Muster des ununterbrochenen Wachstums fortsetzen? An welcher Stelle der Kurve befinden Sie sich in den wichtigen Bereichen Ihres Lebens (Arbeit, Beziehungen, geistliches Leben)? Planen Sie an Hand des Prinzips der s-förmigen Kurven einen durchführbaren Handlungsverlauf für sich.
3. Nehmen Sie die Liste der Ideen der s-förmigen Kurve auf Seite 112 zur Hand. Hier geht es um mehr als nur um Veränderung; hier geht es darum, den richtigen Zeitpunkt für die Veränderung herauszufinden. Wie können Sie wissen, wann der richtige Zeitpunkt da ist?
4. Welche Auswirkungen wird die Pensionierung auf Ihre berufliche Laufbahn der zweiten Lebenshälfte haben? Wie können Sie sich die Feststellung von Peter Drucker in diesem Kapitel zu Herzen nehmen, dass Pensionäre meistens alles andere als bereitwillig sind, wenn es um freiwillige Arbeit für irgendeinen guten Zweck geht. Sie schalten ihren »Motor« ab und verlieren ihre Antriebskraft. Was müsste in Ihrem Leben passieren, wenn Sie sich innerhalb der folgenden zehn Jahre mit ganzer Kraft in einer »parallelen Berufslaufbahn« engagieren wollten? Falls Sie daran interessiert sind, eine parallele Berufslaufbahn zu entwickeln, schreiben Sie die unterschiedlichen Schritte auf, die dazu notwendig sind, und ein Datum, bis wann Sie diese Schritte vollzogen haben wollen.

KAPITEL 14
Es wird Zeit zu springen

1. Über Bufords Schreibtisch zu Hause hängt ein Schild mit der Aufschrift: »Im Auftrag Gottes unterwegs«. Denken Sie darüber nach, welches Motto für Sie wichtig ist. Wie lautet es?

2. Während es in der ersten Lebenshälfte vorwiegend ums Gewinnen geht, was manchmal zum Verlust führt, geht es nach Ansicht von Buford in der zweiten Lebenshälfte mehr darum, freizusetzen und loszulassen, was in der Regel zu Stärke führt. Schreiben Sie drei bis fünf Dinge auf, die Sie freisetzen oder loslassen müssten, um in die zweite Lebenshälfte übergehen zu können.
3. Vielleicht haben Sie die fünfundvierzig bereits überschritten, die Buford als Grenze für die Halbzeit festsetzt. Was kann Ihnen die Aussage: »Jeder, der von seinem Leben, so wie es momentan läuft, genug hat, kann etwas tun, um es zu verbessern (S. 116/117)« sagen?
4. Was lässt Sie bei dem Gedanken, für die zweite Lebenshälfte einen Berufswechsel vorzunehmen, zögern? Schreiben Sie drei Hinderungsgründe dafür auf und zeigen Sie Wege auf, wie diese Hindernisse überwunden werden könnten.
5. Nehmen Sie sich Zeit, um über sich selbst nachzudenken. Ist der richtige Zeitpunkt für den Einstieg in eine neue Berufslaufbahn der zweiten Lebenshälfte gekommen? Wann würden Sie gern über den Graben springen? Was haben Ihnen die Geschichten von Jim und Jack auf den letzten Seiten dieses Kapitels zu sagen? In jeder Geschichte lässt sich wenigstens ein Schlüsselprinzip entdecken. Schreiben Sie es auf. Denken Sie nun darüber nach, wie sich dies auf Ihr Leben anwenden ließe.

KAPITEL 15
Lebensaufgabe

1. Lesen Sie bitte die Aussagen zur persönlichen Lebensauftrag auf Seite 125 (Andrew Carnegie) und Seite 127/128 (Bob Buford) noch einmal durch. Formulieren Sie in ein oder zwei Sätzen Ihre eigene Lebensaufgabe.

2. Auf den Seiten 127/128 zählt Burford eine Reihe von Dingen auf, denen er sein Leben widmen will. Welche Dinge sind Ihnen wichtig? Notieren Sie sich etwa sieben verschiedene Bereiche, indem Sie die vorliegende Liste als Grundlage für Ihre eigenen Ideen verwenden.
3. Peter Drucker stellt zwei wichtige Fragen, an Hand derer Sie Ihre einzigartige Rolle im Leben definieren können. Was haben Sie erreicht (Kompetenz)? Was ist Ihnen wichtig (Leidenschaft)? Formulieren Sie Ihre persönliche Antwort auf diese Fragen.
4. Konzentrieren Sie sich darauf, Ihre Lebensaufgabe zu definieren. Planen Sie ein wenig Zeit ein, um Ihre Lebensaufgabe niederzuschreiben, indem Sie die letzten beiden Abschnitte auf Seite 129 als Grundlage verwenden.

KAPITEL 16
Die Kontrolle zurückerobern

1. Denken Sie über Ihren Terminkalender und die täglichen Ereignisse nach. Gibt es in Ihrem Lebensbereich Raum für etwas Neues? Schreiben Sie vier Punkte auf, die Sie verändern oder abschaffen möchten, um ein wenig Zeit zu gewinnen.
2. Jeder Mensch besitzt wirtschaftliches und soziales Kapital (S. 131). Wie verwenden Sie Ihr wirtschaftliches Kapital? Wie verwenden Sie Ihr soziales Kapital? Nachdem Sie diese beiden Fragen beantwortet haben, sehen Sie sich beide Listen an. Müssen Sie ein wenig Ihres wirtschaftlichen Kapitals in soziales Kapital umwandeln? Stellen Sie konkrete Pläne für eine Veränderung auf.
3. Buford schreibt: »In der zweiten Lebenshälfte geht es darum, die Kontrolle Ihres Lebens wieder zurückzuerobern.« Er nennt Peter Lynch und seinen Berufswechsel als Beispiel hierfür. Welche möglichen größeren Verluste in

anderen Bereichen Ihres Lebens könnten in den kommenden Jahren eventuell auf Sie zukommen, wenn Sie nicht in der Lage sind, Ihr Arbeitsleben zu kontrollieren?

4. Wenn Sie die Kontrolle zurückgewinnen wollen, ist es in erster Linie nicht so wichtig, Ihren Terminkalender zu kontrollieren, sondern dass bei Ihnen ein Sinneswandel stattfindet. Wie Psychologe Mihaly Csikszentmihalyi sagte: »Bevor nicht ein Mensch die Verantwortung für seine Arbeit und seine Freizeit übernimmt, wird er beides enttäuschend finden. Menschen dagegen, die ihre innere Erfahrung kontrollieren, werden in der Lage sein, die Qualität ihres Lebens selbst zu bestimmen, die dem Glück, das wir erleben können, am nächsten kommt.« Wie würden Sie auf einer Skala von 1-10 Ihre Kontrolle über Ihre inneren Erfahrungen bewerten?
5. Schreiben Sie auf, wie Sie das Sprichwort: »Arbeite klüger, nicht mehr« auf Ihre gegenwärtige Arbeitssituation anwenden können.
6. Sind Sie in der Lage, »Nein« zu sagen? Einige können das besser als andere. Falls Ihnen das schwer fällt, führen Sie Tagebuch über unterschiedliche Aufgaben oder Projekte, bei denen Sie »Nein« gesagt oder sich einfach nicht freiwillig gemeldet haben. Nehmen Sie diese Liste als Ermutigung oder Wachstumsschritt für Ihre Zukunft.
7. Sehen Sie sich Ihren Terminkalender der vergangenen drei Monate an.Wie viel Zeit pro Woche stand Ihnen persönlich zur Verfügung? Wie könnten Sie Ihren Terminplan modifizieren, um mehr Zeit für sich zu haben?
8. Denken Sie über Ihre Mitarbeiter und Kollegen nach. Laugen sie Sie aus oder steigern sie Ihre Energie? Welche Veränderungen können Sie vornehmen, um sich mit Menschen zu umgeben, mit denen Sie gern zusammenarbeiten?
9. Laugt Ihr Besitz Sie körperlich und emotional aus? Wie könnten Sie sich »verkleinern«, um ein wenig mehr Kontrolle über Ihr Leben und Ihre Mittel zu bekommen?

10. Denken Sie an das Telefon. Viele von uns haben gelernt, das schrille Läuten zu fürchten. Wie sehr dominiert und kontrolliert das Telefon Ihr Leben? Wie können Sie lernen, sich zu »verstecken«?
11. Schreiben Sie drei Dinge auf, die Sie gern tun. Wie viel Prozent Ihrer Zeit widmen Sie ungefähr diesen Dingen? Ist das genügend Zeit, gerade genug oder zu wenig? Was können Sie tun, damit genügend Zeit dafür übrig bleibt?
12. Lesen Sie die drei Kardinalprinzipien, die Buford von Peter Drucker gelernt hat (S. 140) noch einmal durch. Welches der drei Prinzipien wenden Sie an? Welchem sollten Sie vielleicht mehr Beachtung schenken? Stellen Sie einen Plan auf, wie Sie den vernachlässigten Prinzipien in Ihrem Leben mehr Raum geben können.

KAPITEL 17
Gesunder Individualismus

1. Sehen Sie sich die Illustration des kleinen und des großen Ich auf Seite 145 an. In welcher finden Sie sich wieder? Wie kann Ihr kleines Ich mehr und mehr dem größeren weichen?
2. Wie würden Sie sich selbst und Ihren Beruf beschreiben? Unabhängig? Abhängig? Gegenseitige Abhängigkeit? Buford definiert gegenseitige Abhängigkeit als »die Phase, in der wir verstehen und akzeptieren, dass wir auf uns allein gestellt nichts Bedeutsames vollbringen können.« Welche praktischen Schritte können Sie unternehmen, um zur gegenseitigen Abhängigkeit zu kommen?
3. Da Sie nun begonnen haben, Ihre Lebensaufgabe zu verstehen, wie können Sie durch diese Lebensaufgabe anderen helfen? Schreiben Sie zwei Wege auf, wie Sie durch Ihre neue Aufgabe anderen eine Hilfe sein können.

4. Denken Sie an die Straßenschilder, die den Unterschied zwischen gesundem und ungesundem Individualismus markieren. (Siehe Tabelle auf Seite 150.) Wenn Sie sich diese Liste durchlesen, gibt es Bereiche, die Sie verbessern können? Stellen Sie eine Strategie auf, wie Sie diese Bereiche in den folgenden Wochen verbessern können.

KAPITEL 18
Lebenslanges Lernen

1. Würden Sie sich als einen »lebenslangen Studenten« bezeichnen? Denken Sie über Ihre Bildung nach. Eignen Sie sich regelmäßig mit großer Begeisterung neues Material an oder sind Sie eher zurückhaltend in Ihrer Begeisterung, neue Informationen zu sammeln?
2. Lesen Sie noch einmal nach, was Sie über Ihre Lebensaufgabe geschrieben haben. Sammeln Sie systematisch Informationen im Zusammenhang mit dieser Aufgabe?
3. Haben Sie sich in Ihrem Lernmuster spezialisiert? Denken Sie an Ihren Beruf. Haben Sie Ihr Wissen im Laufe der Jahre erweitert? Welche Schritte könnten Sie unternehmen, um Ihr Fachwissen auf eine breitere Ebene zu verlagern?
4. Wie entscheiden Sie, was Sie während dieses lebenslangen Lernprozesses lernen möchten? Buford schlägt eine einfache Regel vor: »Sie lernen am besten, wenn die Themen, mit denen Sie sich beschäftigen, in irgendeiner Form mit dem zu tun haben, was Ihnen wichtig ist.« Denken Sie darüber nach, welche neuen Informationen Sie in der letzten Zeit in sich aufgenommen haben. Steht irgendetwas von diesem Material nicht im Zusammenhang zu dem, was Ihnen wichtig ist?
5. Ist Ihr Lernsystem breit genug gestreut? Auf den Seiten 157-159 listet Buford eine Reihe von unterschiedlichen

Übermittlungssystemen auf. Bewerten Sie Ihren Gebrauch dieser unterschiedlichen Übermittlungssysteme unter den folgenden Gesichtspunkten:

a) Ich brauche mehr.
b) Ich brauche weniger.
c) Gerade genug.

6. Suchen Sie einen der oben genannten Bereiche heraus, in dem eine Verbesserung stattfinden sollte. Stellen Sie einen kurzen Plan auf für den Gebrauch dieses Übermittlungssystems, um mehr zu lernen.

KAPITEL 19
Respektieren Sie äußere Gegebenheiten

1. Inwiefern ist ein Mensch in der zweiten Lebenshälfte mit einem Fagottisten zu vergleichen? Beenden Sie den folgenden Satz: »Um ein Fagottist zu werden, muss ich ...«
2. Bewerten Sie die äußeren Gegebenheiten in Ihrem Leben. Schreiben Sie einige der Faktoren auf, die Sie nicht ändern können und mit denen Sie sich abfinden müssen. Akzeptieren und respektieren Sie diese äußeren Gegebenheiten? Wie Buford sagt: »Nur durch Respekt können Sie kreative Wege finden, solche äußeren Gegebenheiten in Chancen zu verwandeln.«
3. Wie können Sie die äußeren Gegebenheiten, die Sie nicht ändern können, in Chancen verwandeln? Denken Sie an das, was Bill Gates mit *Microsoft* passierte (S. 162/163) oder an den Druck, der auf Bob Buford ausgeübt wurde, Pornografie im Fernsehen zu senden (S. 164). Wie können Sie das, was Sie aus diesen Beispielen lernen, auf Ihr eigenes Leben anwenden?
4. Wie gehen Sie mit den Autoritäten in Ihrem Leben um? Wie Buford auf Seite 164 schreibt: »Und ob es Ihnen nun

gefällt oder nicht, die Regeln bestimmen Ihr Verhalten. Wenn Sie die Regeln befolgen, steigen Ihre Chancen, das Spiel zu gewinnen. Wenn Sie die Regeln immer wieder brechen, werden Sie keine Gelegenheit haben, das Spiel zu Ende zu bringen.« Wie können Sie diese Maxime auf Ihr eigenes Leben anwenden?

5. Inwiefern haben Sie Ihre Träume, Pläne und Wünsche der Autorität Gottes unterworfen? Buford schreibt auf Seite 165: »Um wirklich frei zu sein, müssen wir uns der Autorität Gottes unterwerfen.« Inwiefern ist dieses Paradox der Unterwerfung um der Freiheit willen in Ihrem Leben Realität geworden?
6. Schreiben Sie zwei Probleme oder Schwierigkeiten in Ihrem Leben auf. Wie zeigt sich durch Ihre Beziehung zu Gott diese Freiheit, mit den Problemen zu leben? (Denken Sie an die Ausgewogenheit, die Sie zwischen den äußeren Gegebenheiten der natürlichen Welt und der Autorität der übernatürlichen Welt gefunden haben.)

KAPITEL 20
Geben Sie Ihr Bestes

1. Wie können Sie vermeiden, mit einem Fuß in jeder Lebenshälfte zu stehen?
2. Denken Sie darüber nach, an welchem Punkt Sie im Spiel des Lebens stehen. Spielen Sie das ganze Spiel oder befinden Sie sich noch in der ersten Spielhälfte? Welche Opfer mussten Sie im Laufe des Spiels bringen?
3. Denken Sie über das nach, was Thomas Merton mit dem Ausdruck »verborgene Ganzheitlichkeit« gemeint hat. Inwiefern ist dies in Ihrem eigenen Leben Realität geworden?
4. »Ja« zu Gott zu sagen bedeutet nicht, dass Sie in einem Land der Dritten Welt arbeiten oder eine Tätigkeit ausüben

müssen, die Ihnen absolut nicht zusagt. Denken Sie an die Tatsache, dass »Gott nicht vergeudet, was er geschaffen hat«. Prägt diese Tatsache Ihre Überlegungen, was es für Sie bedeuten könnte, Gott zu folgen, während Sie Ihre zweite Lebenshälfte entdecken?

KAPITEL 21
Der »50/50-Vorschlag«

1. Was meint Buford auf den ersten Seiten dieses Kapitels, wenn er die Formel »50/50« gebraucht, um seinen Traum für jeden zu umschreiben, der sich auf dem Weg in die zweite Lebenshälfte befindet? Erklären Sie in eigenen Worten dieses Konzept.
2. Sehen Sie sich auf den Seiten 172/173 die Liste der sich widersprechenden Wertvorstellungen und Einstellungen an. Denken Sie über den Unterschied zwischen einem abgesonderten und einem integrierten Leben nach. Auf welcher Seite möchten Sie während Ihrer zweiten Lebenshälfte stehen? Wo stehen Sie im Augenblick tatsächlich?
3. Wie äußert sich Ihr Glaube an Gott in Ihrem Alltag? Wie können die Leute Ihren gelebten Glauben sehen, abgesehen davon, dass Sie vielleicht hin und wieder ein Wort über den Glauben fallen lassen.
4. Buford sagt, die individuelle Verantwortung sei der Schlüssel zur Umgestaltung der Gemeinde (S. 176). Denken Sie an Ihre Gemeinde. Welche Rolle und welches Maß an Verantwortung haben Sie übernommen, um Ihren Beitrag zu einer positiven Veränderung zu leisten?
5. Welchen Stellenwert hat das Gebet in Ihrem täglichen Leben, während Sie dabei sind, Ihre zweite Lebenshälfte zu überdenken? Wie finden Sie den Mut, die Träume, die Ihnen Gott ins Herz gelegt hat, zu verfolgen?